현명한 투자자

현명한 투자자

발행일	2020년 5월 22일		
지은이	안성운		
펴낸이	손형국		
펴낸곳	(주)북랩		
편집인	선일영	편집	강대건, 최예은, 최승헌, 김경무, 이예지
디자인	이현수, 김민하, 한수희, 김윤주, 허지혜	제작	박기성, 황동현, 구성우, 장홍석
마케팅	김회란, 박진관, 장은별		
출판등록	2004. 12. 1(제2012-000051호)		
주소	서울특별시 금천구 가산디지털 1로 168, 우림라이온스밸리 B동 B113~114호, C동 B101호		
홈페이지	www.book.co.kr		
전화번호	(02)2026-5777	팩스	(02)2026-5747

ISBN	979-11-6539-222-2 03320 (종이책)	979-11-6539-223-9 05320 (전자책)

이 도서의 국립중앙도서관 출판예정도서목록(CIP)은 서지정보유통지원시스템 홈페이지(http://seoji.nl.go.kr)와
국가자료공동목록시스템(http://www.nl.go.kr/kolisnet)에서 이용하실 수 있습니다.
(CIP제어번호: CIP2020020365)

(주)북랩 성공출판의 파트너

북랩 홈페이지와 패밀리 사이트에서 다양한 출판 솔루션을 만나 보세요!

홈페이지 book.co.kr • **블로그** blog.naver.com/essaybook • **출판문의** book@book.co.kr

당신을 자산가로 만드는 **3가지 주식 투자 원칙**

현명한 투자자

안성운 지음

주식 전문가의 말이나 경제 상황에 흔들리지 않고
투자할 기업의 가치를 보는 나만의 안목을 키워라!

복잡한 경제 지식 NO! 어려운 경제 용어 NO!

내가 아는 범위 내에서 성공적으로 투자하는 가장 빠르고 현명한 방법

북랩 book

Prologue

거친 산업 현장에서는 일하기 전에 충분한 주의사항을 알려줍니다. 어떻게 하라는 것보다 자칫 잘못하면 생명에 지장을 줄지도 모르는 위험한 사안부터 알려주는 것입니다.

우리는 자본주의 사회에 살고 있습니다. 산업 현장에서 큰 사고를 당하지 않기 위해 반드시 알아야 할 것들이 있는 것처럼, 자본주의 사회에서도 꼭 해야 할 일과 절대로 하지 말아야 할 일들이 있는데 이를 제대로 가르쳐 주는 사람은 없습니다. 그저 입시를 위한 교육뿐입니다.

차곡차곡 저축만 하면 집과 가정을 꾸릴 수 있는 시대는 이미 지난 지 오래입니다. 자본주의 사회에서는 그것만으로 미래를 열어젖히기엔 나의 소득보다 사회의 물가가 더 가파르게 상승합니다.

부모님과 선생님은 아이가 자라며 가장 먼저 접하는 세계입니다. 그들은 우리에게 입시와 취업에 대한 중요성을 충분히 이야기해 줬습니다. 하지만, 입시와 취업은 수많은 낙오자를 발생시킵니다. 설령 거기에서 모두 성공했다 하더라도 내 집 한 채 제대로 마련하기는 정말 쉽지 않습니다. 노력과 소득보다 사회가 더 빠르게 가격을 올려버리는 세상, 이른바 N포 세대의 핵심은 여기에 있습니다.

　40·50세대도 마찬가지일 겁니다. 저 역시 지난 20여 년간 생업의 최전선에서 누구보다 열심히 살았지만, 노후는 여전히 불안하고 걱정됩니다.

　조심스럽지만, 이 책은 20·30세대에 초점을 맞춰서 썼습니다. 조금만 더 확장해 보더라도 40대까지입니다. 학창 시절에는 공부 잘하는 사람이 우등생이었다면 이제는 이 책을 읽는 여러분이 적어도 자본주의 사회, 그리고 아주 좁게 봐서는 투자에 대한 우등생이 될 수 있다고 저는 확신합니다.

　이 책의 내용은 대부분 '주식 투자'에 대한 이야기를 담고 있습니다. 주식 투자에 관해 이야기하면 많은 분이 오해합니다. "어렵다."부터 시작해서, "복잡하다.", "머리가 좋아야 한다.", "위험하다.", "경제를 잘 알아야 한다.", "주식은 집안을 말아먹는 지름길이다.", "도박이다." 등 여러 이야기가 난무합니다.

저는 이 책을 통해, 그 오해를 확실히 풀어드릴 겁니다. 주식은 어렵지 않고 머리가 좋지 않아도 된다고 자신합니다. 제 학창 시절 IQ가 96이었으니, 다른 사람들도 충분히 따라올 수 있으리라 생각합니다. 위험하지 않습니다. 경제를 잘 몰라도 괜찮습니다. 오히려 미시 경제니, 거시 경제니 그러한 어려운 용어와 주식은 또 다른 영역의 문제라고 생각합니다. 이는 주식은 하지 않아도 누구나 한 번쯤 그 이름은 들어 본 전설의 투자 귀재, 워런 버핏도 여러 차례 이야기한 내용입니다. 그리고 모두가 집안을 말아먹는 것도 아니며 도박은 더욱더 아닙니다.

저도 경제를 잘 모릅니다. 공부도 잘 못했고 머리가 나빠서 경제학 관련 서적을 몇 권 샀다가 어려워서 중간에 포기한 것이 한두 번이 아닙니다. 새 책으로 되팔아도 될 만큼 책에 밑줄 한 줄 치지 못한 것도 많습니다.

그리고 복잡한 경제 상황도 잘 모릅니다. "'하이 일드 스프레드

(High Yield Spread)'가 벌어졌다.", "양적 완화다.", "질적 완화다." 이런 부분에 대해서 깊게 설명하지 못합니다. 유가와 금리, 환율 등에 대해서도 표면적으로는 이해하고 있으나 조금만 깊이 들어가면 저는 금세 꿀 먹은 벙어리가 됩니다. 물론, 이렇게 자기 고백에 가까운 문장을 쓰기까지는 오래 걸렸습니다. 저는 투자엔 자신이 있거든요.

그렇다면 왜 이렇게 제 치부를 책의 초반부부터 드러냈을까요? 이건 이 책의 주제이기도 하고, 여러분의 투자 시작을 열어주는 중요한 포인트도 되기 때문입니다. 앞에서 잠깐 언급했듯이, 워런 버핏도 시장 경제 상황은 예측하기 어렵다고 말했습니다. 그의 최근 인터뷰를 그대로 인용해서 설명을 이어나가 보겠습니다.

워런 버핏은 최근 미국 CNBC 방송과 인터뷰[1]를 했습니다. 이때 그는 진행자의 "코로나바이러스 때문에 주가가 하락했는데 걱정되지 않느냐?"라는 질문에 대해 이렇게 답했습니다.

---

[1] SBS CNBC 뉴스, 2020. 2. 25., "워런 버핏, '주가 예상하지 마라…. 너는 못한다.'", 유튜브(https://www.youtube.com/watch?v=c2xn_r89B4Y).

"코로나바이러스에 대해 특별한 생각은 없다."

그러면서 자신의 투자 철학을 엿볼 수 있는 발언을 했습니다.

"주식을 사는 건 사업을 사는 것이다. 주식을 사는 것이 아니라 사업을 산다고 표현하는 게 더 낫다. 관점이 달라지기 때문이다."

이는 어려운 경제 용어나 시장 경제 상황을 몰라도 그 사업에 대해 투자를 할 수 있다는 단적인 예시라고 봅니다. 이어서 그가 한 말도 그대로 옮겨보겠습니다.

"아무도 시장을 예측할 수 없다. 사람들은 자기가 주식을 가장 좋은 가격에 살 수 있을 만큼 똑똑하다고 생각한다."

이 마지막 문장이 이 책의 거대한 줄기입니다. 하나, 시장을 그 누구도 예측할 수 없기 때문에 어려운 경제 용어와 주식 시장은 별개라는 것입니다. 둘, 약간의 수익을 올렸다고 해서 으스대거나 나의 타이밍이 최적이라고 착각하는 순간 모든 것은 끝난다는 것입니다. 그러므로 그러한 타이밍이나 흔히 말하는 단타 등의 투기성 접근이 아닌 다시 원점으로 돌아가 '사업'에 투자하는 것, 그리고 그것을 위한 마인드. 바로 이것이 지금부터 시작하는 이 책의 포인트입니다.

독자 여러분은 이 책을 읽으며, 시중 증권 방송에 출연하는 사람들보다 더 높은 수익을 아주 쉽게 올릴 방법도 찾아낼 수 있을 겁니다. 물론 이 책을 다 읽은 후 그 방법이 너무나도 쉬워서 오히려 허무하실 수도 있습니다. 다시 말씀드립니다. 경제학을 공부하려면 절대 이 책을 읽으면 안 됩니다. 다만 주식으로 돈을 벌 방법과 투기가 아닌 마치 적금처럼 장기적으로 접근할 수 있으면서 안정적인 투자를 할 수 있는 제 노하우에 대해서 짧고 쉽게 말씀드리겠습니다.

기본부터 차근차근히 말씀드리겠습니다. 아예 기본이 없으면 안 되니까요. 그런데 다양한 지식이 필요하지는 않습니다. 20·30 세대들은 현재 대기업에 취업하지 못했거나, 학벌이 상대적으로 부족하거나, 집안 배경이 든든하지 않거나 등의 이유로 내가 스스로 경제 상황을 바꿀 수 없을 것이라는 절망감에서 조금이라도 벗어나길 간절히 바랍니다.

저는 초등학교 때, 부모님이 경제적으로 어려워져서 이혼하시고 시골에 계시는 할머니 집에서 넉넉지 못하게 자랐습니다. 학교 생활은 맞지 않아서 전교 꼴찌도 해 봤고, 머리도 당연히 나빴습니다. 올해 38살이고, 대학교는 작년에야 겨우 졸업했습니다. 하지만, 지금은 적은 돈이지만 아주 작은 건물에서 임대료를 받고 있고 토지도 조금 보유하고 있습니다. 그뿐만 아니라 주식도 소유하고 있어서 부유하게는 생활하진 못하더라도, 적어도 노후를 걱정해야 할 상황은 아닙니다.

이 책은 편의점에서 아르바이트를 하시거나, 대리운전을 하시거나, 배달 일을 하시는 분들도 각자의 위치에서 투자할 수 있도록 준비했습니다. 부디 힘을 잃어버리지 마시고 꼭 풍요로운 미래에 도전하시길 진심으로 기원합니다.

Intro

시중에는 수많은 주식 재테크 관련 서적이 넘쳐납니다. 그리고 많은 사람이 열심히 책을 읽고 나도 저렇게 하면 주식으로 돈을 벌 수 있다는 생각에 주식 시장으로 들어옵니다. 하지만 현실은 참담합니다. 성급한 진입 그리고 확실한 실패 후 곧바로 주식과 담을 쌓고 살아갑니다. 왜 이런 일이 반복될까요? 여러분이 읽었던 책을 읽어 보면 내 생각과 같고 충분히 이해되고 동의되는 부분이 많기 때문입니다.

한 번쯤 의심해 보셔야 합니다. 분명히 나는 주식을 모르는데 책 한두 권 읽어서 이해된다면 그 책을 쓴 사람은 그저 글을 잘 쓰는 작가가 아닐까요? 실제로 주식 관련 책을 보면 사실을 이야기하지 않고 독자들이 듣고 싶어 하는 글을 쓰는 경우가 많습니다. 책을 쓰는 목적이 주식 투자에 대한 정확한 사실이 아니라 책을 판매하기 위한 비즈니스로 생각하기 때문입니다. 단언컨대 이 책은 여러분이 동의하기 어려운 것들, 즉 그동안의 내 상식과 내 생각에 완전히 반대되는 것들이 많습니다. 전 사실 그런 사람을 전문가라고 부르고 싶습니다.

우리가 방송에서 자주 보는 전문가의 말은 이렇습니다.
"코스피는 대외 악재가 해소될 때까지 보수적인 접근이 필요합니다."
주로 이런 이야기를 하는 사람들이 우리가 아는 전문가입니다.
그런데, 한국 증시에 대외 악재가 없던 적이 있었나요?

전문가라고 하면 비전문가와 생각이 달라야 합니다. 비전문가가 듣고 바로 동의하고 이해할 수 있는 범위 내에서만 의견을 제시할 수 있다면 전문가와 비전문가 두 사람의 지적 수준이 비슷한 수준이 아닐까요?

대부분의 재테크 주식 책은 두껍습니다. 별거 아닌 내용을 책으로 쓰려다 보니 그림이 많이 들어가고 그래프가 많이 들어가며 참고문헌이 많이 들어가 분량이 많아집니다.

이 책은 길지 않습니다. 사실 주식 투자 책은 길게 쓸 이유가 없습니다. 주식 투자는 매우 간단하고 단순하기 때문입니다.

단언컨대 이 책은 그림, 차트, 통계 자료, 쓸데없는 잡지식들 없이 짧고 정확하게 꼭 필요한 핵심 소재만 담았습니다. 제 경험이라며 "어떤 주식을 얼마에 사서 얼마에 팔아 얼마를 벌었고…"와 같은 돈 자랑과 무용담도 없습니다. 주식 투자는 정확히 알면 매우 간단하고 쉬운데 이런 단순한 지식을 복잡하고 길게, 어렵게 쓴다면 그것은 다른 이유가 있지 않을까 생각됩니다. 이 책은 주식 시장의 정확한 사실만을 짧게 이야기한 것이며 금융 문맹이나 초등학교 교육만 받은 사람이 읽더라도 누구나 이해하기 쉽게 썼습니다. 이 책은 "나 이만큼 많이 안다.", "나 뭐 사서 몇 배 벌고 얼마 벌었다."라고 지식 자랑이나 돈 자랑을 하려고 쓴 책이 아닙니다.

그리고 자랑할 만큼의 지식도 없습니다. 주식에 관심이 많은 평범한 사람, 노후 준비가 안 된 사람이 이 책을 통해 편안한 노후를 보낸다면 저는 성공했다고 보람을 느낄 것입니다.

구체적으로 말씀드리겠습니다. 이 책을 반복해서 읽고 이해한다면 20대 초반 청년이 별도의 부모님 지원 없이 편의점 시급만 가지고도 30대 중반이 되면 경기도권에 깨끗하고 좋은 브랜드 아파트를 장만할 수 있을 겁니다.

차
례

CHAPTER 3.
금융 투자에 관한 잘못된 오해들

CHAPTER 4.
구구단처럼 쉬운 주식 투자

CHAPTER 5.
성공한 투자자의 첫걸음은 역사

CHAPTER 6.
현명한 투자자

CHAPTER 1.

주식은 적금처럼 꾸준히

8만 원의 노력

카카오 뱅크는 오픈 첫날 약 24만 명을 모집했습니다. 시중 은행을 단숨에 긴장시켰고, 한순간의 바람이 아니라는 것을 증명이라도 하듯이 현재까지도 순항하고 있습니다. 여기에 오랜만에 시중 은행이 존재감을 보여 줬습니다. 2020년 2월 3일부터 5일까지, 하나은행은 5.01%의 이율로 '하나 더 적금'을 출시했습니다.

기존 KEB하나은행에서 'KEB'를 떼고 하나은행으로 이름을 변경한 기념으로 출시한 이 한정 적금은 불타나게 팔렸고, 연일 실시간 검색어를 장악했습니다. 제가 속한 단체 채팅방에서도 연신 서로 추천을 하며 입소문까지 탔습니다. 총가입자 수는 약 136만 7,000명. 웬만한 광역시 인구입니다. 가입 규모로만 따지면 3,788억 원입니다. 정확히 3일 만에 벌어진 일입니다. 저는 궁금해졌습니다. 그렇다면 5.01%를 적용하면 이자는 얼마나 붙을까? 10만 원에서 30만 원까지, 가입자가 선택해서 들 수 있는 이 적금의 최대치인 30만 원으로 설정하고 1년간 만기를 채우면, 이자는 세후 기준 8만 2,650원입니다.

8만 2,650원. 많으면 많다고도 할 수 있고, 적으면 적다고도 할 수 있는 금액이지만, 12개월로 나누면 월 6,887원 정도입니다. 시중 은행 금리가 워낙 낮다 보니, 이 정도의 수익에도 많은 사람이 폭발적으로 몰리는 것입니다. 반대로 하나은행이라는 회사는 이 정도의 이자로 순식간에 136만 명을 가입자로 유치했습니다.

사람들의 재테크 니즈와 수익에 대한 갈망을 충분히 느낄 수 있는 대목입니다. 그렇다면 우리는 이보다 더 큰 수익을 얻을 수 있는 노력으로는 어떤 것을 하고 있을까요? 질문 하나 더 바로 이어가 보겠습니다. 그런 것이 있는지 찾아보려는 노력 정도는 해 보았을까요? 사실 이런 질문에 쉽게 대답할 수 있는 사람은 많지는 않을 겁니다. 알고 있었다면, 적어도 이 책을 손에 쥐고 있진 않았을 거라 조심스레 추측해 봅니다.

화폐의 가치는 변합니다. 항상 등장하는 아재들의 추억거리인 "우리 때 자장면 가격은 100원이었는데."라는 말까지 가지 않더라도, 사람들은 내가 가지고 있는 현금의 가치가 시간이 지나가면 갈수록 떨어진다는 것은 알고 있습니다. 그래서 재테크에 대한 관심을 가지고, 지금 가지고 있는 자산에 대한 기본 방어와 유지, 나아가 확대에 눈을 돌립니다.

보통은 부동산에 쉽게 다가갑니다. 일단 의식주를 관통하는 기본이자, 실제 거주를 통한 효용 가치가 있기 때문입니다. 그다음으로는 가상 화폐 정도가 있을 겁니다. 하지만 가상 화폐가 눈앞에서 몇억 원씩 불어나던 호황기는 지나갔습니다. 아무리 욕망이 있는 곳에 수요가 끊이질 않는다고 하더라도 가상 화폐가 다시 눈부신 영광을 되찾기는 요원해 보입니다.

남은 건 하나은행이 판매한 고(高)이율 적금 상품과 주식입니다. 먼저 하나은행이 판매한 것과 비슷한 적금 상품은 이벤트성이 강하기 때문에 평상시에는 접근하기 어렵습니다. 사실 이러한 이벤트는 하나은행이 최초가 아닙니다. 카카오 뱅크가 먼저 진행했습니다. 2019년 7월 22일, 카카오 뱅크는 1천만 계좌 돌파를 기념해 연 5% 금리로 특별 상품을 판매한 적이 있습니다. 다만, 이날 오전 11시에 시작한 100억 원 규모의 특별 정기 예금 판매는 1초 만에 완판되었습니다. 쉽게 접근하기 어렵습니다.

이제 주식입니다. 주식이라고 하면, 한국 사회에서 '패가망신'의 개념으로 인식되는 경우가 많습니다. 주식 부자라고 하면 대개 재벌가의 이야기인 것만 같고, 주식 투자로 성공한 워런 버핏 정도를 들어 보긴 했어도 실제로 주식으로 자산을 방어하거나 증식하는 사람을 찾아보긴 어렵습니다. 그래서 조금 살펴볼까 합니다. 실제 주식은 수익이 날 수 있는지, 주식에는 어떠한 종류가 있는지, 그리고 결정적으로 이 책을 읽는 바로 당신, 즉 '누구나' 가능한지 알아보겠습니다.

글로벌 식품 기업인 '크래프트 하인즈(Kraft Heinz)'라는 케첩 회사가 있습니다. 워런 버핏이 이끄는 버크셔 헤서웨이(Berkshire Hathaway Inc.)와 브라질의 3G 캐피털이 합작 법인을 설립해 크래프트와 하인즈를 인수해 크래프트 하인즈로 회사를 합병시켰습니다.

크래프트 하인즈에 대해 조금 더 설명해 드리겠습니다. 먼저, 크래프트는 맥심, 맥스웰 하우스 커피, 오레오, 리츠 크래커, 필라델피아 크림치즈, 벨비타(Velveeta), 포스트 시리얼 등 여러 브랜드를 보유한 글로벌 식품 기업이며 주력 사업은 치즈입니다. 크래프트 하인즈의 배당 수익은 2019년도를 기준으로 연 5%입니다. 은행으로 비유하면 매년 5%의 이자가 들어온다고 생각하면 됩니다.

그렇다면 배당이란 무엇일까요? 포털 사이트 네이버에 '배당'으로 검색하시면 여러 사전적 정의가 나옵니다. 그중에서 두산백과는 배당을 이렇게 설명해두었습니다.

"회사는 영업활동을 통해 이익이 일어나고 그 이익을 주주에게 배분하는 게 원칙이다. 이것을 이윤배당이라고 한다. 이윤배당을 극대화하는 것이 주식회사의 목적이고, 이 배당에 참여할 수 있는 권리는 주주에게만 있다. 그러므로 이윤배당은 주주총회의 중요한 의결사항이다."

아주 쉽게 다시 설명하면, 회사가 벌어들인 수익을 주주들에게 나누어 주는 과정이라고 보시면 됩니다. 그러면 여기서 마음에 걸리는 것이 하나 있습니다. 내가 선택한 회사가 수익을 끊임없이 증대시키면 상관없겠지만, 모든 회사가 성장만을 거듭하는 것은 아닙니다. 즉, 주가가 하락하면 내 원금에 손실이 발생하지 않을까 염려할 수 있습니다. 먼저 이런 생각은 투자자로서 아주 좋은 생각입니다. 꼭 따지고 살피고, 또 따지고 여러 번 검토하고 신중하게 생각해야 할 문제이기 때문입니다. 원금 손실은 반드시 막아야 합니다.

이 문제를 해결할 가장 확실한 방법이 있습니다. 안전 마진을 확보하면 됩니다.

안전 마진을 예를 들어서 설명해 보겠습니다. 상가를 계약할 때 1억 원에 계약했는데 상가 인수 조건으로 상가 내의 컴퓨터, 책상, 가구 등 여러 가지 물건을 함께 매입하는 조건으로 계약하게 되었습니다. 그런데 각종 물건을 감정 평가해 보니 전부 매각했을 때 받을 수 있는 금액이 1억 2천만 원이라고 평가된다면 안전 마진은 2천만 원이 됩니다.

이것은 제조업처럼 유형 자산이 큰 섹터에서 적용되며 모든 산업에 적용되지는 않기 때문에 서비스업이나 제약 바이오 기업에서는 적용할 수 없습니다.

워런 버핏이 제조업 기업을 많이 보유한 이유는 가치 평가가 상대적으로 쉽기 때문입니다. 이 회사가 얼마짜리 기업인지 평가하기 쉽기 때문에 실수를 줄일 수 있습니다.

이 내용을 읽어도 감이 오지 않으신다면 더 쉽게 설명해드리겠습니다. 너무 쉬워서 허무해질지도 모르겠습니다. 안전 마진은 결국, '쌀 때 사라'는 것입니다.

앞에서 예로 든 크래프트 하인즈의 주식을 '쌀 때' 사면 되는 것입니다. 예를 들어, 1주당 적정 주가가 1만 원인데 5천 원에 크래프트 하인즈 주식을 사면 절대 아무 문제가 안 생길 뿐만 아니라 워런 버핏의 의견을 인용하면 은행에 예금하는 것보다 더 안전합니다.

실제로 세계적인 투자자들은 이 안전 마진이 확보되지 않으면 주식을 사지 않습니다. 워런 버핏, 세스 클라만, 하워드 막스, 존 네프 등 모두가 안전 마진에 대해 언급하고 그 기준을 지켜서 주식을 삽니다. 그런데 5천 원에 산 주식이 1만 원이 된다면 현 주가인 1만 원의 금액 기준으로 5%의 배당이 이루어지기 때문에 내 투자 원금 기준으로는 10%의 배당이 들어옵니다. 주가도 2배로 오르고, 배당도 2배로 오릅니다.

연 8만 원의 이자를 받기 위해 수백 명의 대기 인원을 뚫고 가입히는 것도 충분히 납득할 수 있고 나쁘다고 할 수는 없지만 조금만 더 지혜를 발휘한다면 주식이 훨씬 더 이득입니다.

다만 유념해야 할 것이 있습니다. 주가가 하락했을 때, 일시적으로 주가가 하락한 것인지, 아니면 기업이 상승 동력을 잃어버려서 기업 가치 자체가 하락한 것인지를 구분해낼 수 있는 안목이 필요합니다.

1차, 2차 오일 쇼크, IMF, 9·11 테러, 리먼 브라더스 파산, 유럽 재정 위기, 미·중 무역 전쟁, 코로나바이러스 등 지난 시간을 돌이켜보면 그 당시엔 세상이 뒤집어졌고, 경제가 쉽게 회생하기 어려울 것처럼 보였습니다. 지금 돌이켜 보면 어떤가요? 지나갔습니다. 그 시간들은 지나가게 되어 있습니다. 지난 시간을 돌이켜 보면 모두가 공포에 질리고 패닉에 빠졌던 그때가 주식을 저렴하게 매수할 수 있는 가장 좋은 시간이었다는 것을 우리 모두가 알고 있습니다.

나의 20대와
처절한 종잣돈 만들기

종잣돈은 많으면 많을수록 좋습니다. 두말하면 잔소리죠. 어떤 사람은 100만 원부터 시작했다고 이야기하고 어떤 사람은 1,000만 원부터 시작했다고들 합니다. 그리고 대체로 한 1억 원은 있어야 돈을 굴릴 맛(?)이 난다고 합니다. 글쎄요. 사람마다 다르겠지만 100만 원부터 시작해도 된다고 생각합니다. 어차피 그 100만 원만 바라보고 기다리는 것이 아니라 또 다른 종잣돈을 만들기 위해 경제생활을 계속해서 이어나갈 테니까요.

제 경험을 이야기해 보겠습니다. 10년 전입니다. 20대부터 저는 수입이 또래들보다 적지 않았습니다. 제가 했던 일은 급여를 받는 일이 아니라서 제 능력에 따라 수입이 월 1천만 원도 가능했으며 그 이상을 벌었던 적도 많았습니다. 그런데 저는 단돈 67만 원을 주고 1995년에 출고된 뉴 세피아를 구입했습니다. 휘발윳값이 아까워 가짜 휘발유를 넣고 다녔고 에어컨은 고장 났지만, 기름값을 아끼기 위해 창문을 열고 다니며 수리하지 않았습니다. 차가 고장 나면 폐차장에 가서 부품을 사서 직접 뜯어서 수리했습니다. 고객님을 만날 때 외엔 밥은 5천 원 넘는 걸 잘 안 사 먹었습니다. 집은 보증금 1,000만 원에 월 20만 원짜리 월세방이었는데 이 중 700만 원은 아버지께서 결혼할 때 주신 돈입니다. 좋은 집 주인을 만나 집 주인의 배려로 젊은 사람이 열심히 산다고 저렴한 금액에 지낼 수 있게 해 주었습니다. 제 아내가 밤에 야식을 먹고 싶다고 하면 족발, 보쌈과 같은 비싼 걸(?) 먹으려 해서 잘 사 주지도 않았고 먹지 말라고 해서 아내가 눈물을 흘리며 서운해한 적도 한두 번이 아니었습니다. 그래도 잘 안 사줬습니다. 월수입은 적지 않았지만, 결혼 생활을 시작할 때의 경제 여건이 좋지 않아 저는 병적으로 돈을 아껴서 종잣돈을 만들었습니다.

구구절절 다 이야기하긴 어렵지만 이렇게 종잣돈을 만들다가 리먼 브라더스가 파산하면서 전 세계가 공포에 빠졌는데 이게 오히려 제겐 기회가 되었습니다. 남들은 주식 시장이 무서워서 주식을 팔고 나올 때 저는 반토막 난 주식을 팔지 않고 끝까지 버텼습니다. 분명히 이 경제 위기는 지나갈 것이고, 다시 반등할 것이라 믿어 의심치 않았기 때문입니다. 그러면서 끊임없이 제 종잣돈을 불려나갔고 투자 금액도 키워 갔습니다.

꼭 말씀드리고 싶습니다. 종잣돈에는 요행이 없습니다. 누구나 한 번은 꼭 겪고 넘어가야 할 산이며, 수입이 많든, 적든 종잣돈을 만들기 위해서는 적절히 감내해야 할 소비 패턴이 있습니다.

이 글을 읽는 독자들이 만약 20·30세대라면 절대 늦지 않았으니 지금이라도 종잣돈을 스스로 만들어 보라고 권하고 싶습니다. 가장 먼저 해야 할 일은 수입보다 지출을 꼼꼼히 확인하는 것입니다. 지난 6개월 동안의 신용카드 카드 내역서를 먼저 보십시오. 카드 명세서를 살펴보면 쓰지 않아도 될 소비가 눈에 금방 들어오고 참새방앗간이 어딘지도 알 수 있습니다. 그 돈만 줄여도 연 300만 원, 400만 원은 쉽게 종잣돈으로 만들 수 있습니다. 제가 한 가지 팁을 드리겠습니다. 고정 비용을 뺀 나머지 내 한 달 생활비의 계획을 세우고 급여를 포함한 입출금 또는 돈을 입금하는 통장은 시중 은행을 이용하시고 내 생활비를 포함해 최대한 많은 현금은 증권 회사에 가서 CMA 계좌 개설 후 CMA 계좌에 넣어두시고 체크카드를 만들어서 계획적으로 소비하시길 바랍니다. 체크카드는 계좌에서 바로 돈이 빠져나가서 긴장할 수 있지만, 신용카드는 돈에 대한 감각이 줄어들어서 불필요한 소비가 많아질 수밖에 없습니다. 그리고 CMA 계좌를 만들면 적금에 가입하지 않이도 CMA 계좌에 있는 잔액이 적금 이자와 비슷한 수준의 이자로 일일 계산되어서 매일 계좌에 입금됩니다. 쉽게 말씀드리면 적금 가입을 하지 않아도 공짜로 적금 이자를 받는다고 생각하시면 됩니다. 종잣돈을 만드는 고통과 과정이 없다면 재테크는 시작조차 못 하고 쉽게 돈을 벌 수 있을 것만 같은 악마의 유혹에 빠집니다.

CHAPTER 2.

주식은 어렵지 않다

장기 투자의
중요성

카지노에 가 보신 분들은 적어도 카지노에 대해서는 대부분 알고 있을 것입니다. 드라마 〈올인〉의 주인공 정도가 아니라면 카지노는 막대한 자본을 가지고 버티는 '쩐주'로서 일반 사람이 돈을 따서 오기란 거의 불가능합니다. 그럼에도 불구하고 사람들이 카지노에 광기 어린 마음을 분출하는 이유는 초심자의 행운으로 몇 번 돈을 벌어 보았고, 그것을 스스로의 실력이라 믿기 때문입니다. 하지만 카지노의 승률엔 한계가 있고, 무엇보다도 중요한 것은 내가 오래 버티고 있다고 해서 달라질 것이 없다는 점입니다.

주식은 다릅니다. 단기간에 승부가 나는 카지노와는 다릅니다. 또한 오래 버틸 수 있습니다. 대부분의 투자자가 하루에도 몇 번씩 이른바 '단타' 매매를 하며 "수익을 올렸다.", "몇 퍼센트를 먹었다."라는 표현을 씁니다만, 그러한 행동은 제 투자 패턴과는 분명

다릅니다.

기업이 상승세를 타고 있다면 좋은 일입니다. 대부분의 투자자는 그 상승세에 현혹됩니다. 저는 그 상승세를 지켜보되, 그것만으로 투자하지 않습니다. 정확히 말하면, 기업을 지켜봅니다. 미래가 유망한 기업을 찾고 그 기업의 미래 가치를 정확하게 분석한 후에 제 종잣돈을 투입하고 기다립니다. 장기적인 투자를 시작한 것이죠. 부제와 같이 적금처럼 주식을 하려면 하루하루 추이를 보며 일희일비하는 것이 아니라, 내가 선택한 기업에 대해 꾸준히 신뢰를 보내 줘야 합니다. 그 시간이 5년이 걸릴지, 10년이 걸릴지는 모릅니다. 하지만, 적어도 신중한 판단으로 주식을 사들였다면 적금처럼 최소 1년은 기다릴 수 있어야 합니다. 아니면 카카오톡 26주 적금처럼 26주라도 기다리며 그 기업이 성장하길 기다려 줄 수 있어야 합니다.

차트 분석은 사후 분석입니다. 신은 인간에게 미래를 알 수 있는 능력을 허락하지 않았습니다. 그런데 차트를 보며 미래의 주가를 맞추려는 것은 어리석은 행동입니다. 주식 시장에서 미래는 예측하는 것이 아니라 대응하는 것입니다.

삼성전자는 1975년 6월 11일에 상장했습니다. 그동안 IMF와 리먼 브라더스에 이르기까지 숱한 위기들을 겪었지만, 장기적으로 보았을 때 결국 우상향했습니다. 주식은 등락이 있었지만, 최종적으로는 비교도 되지 않을 만큼 성장했고, 2019년 기준 시가총액 300조 원을 돌파해 세계 1위 기업인 애플과 스마트폰 시장에서 세계 1위 자리를 놓고 경쟁하는 글로벌 기업이 되었습니다. 만약 삼성전자를 믿고 그때부터 투자해서 20년만 가지고 있었다면 어떻게 되었을까요? 아니면 IMF부터 가지고 있었다면 어떻게 되었을까요? 이미 노후 준비가 아니라 부자가 되었을 겁니다. 제 주식의 포인트는 이런 것입니다. 짧게 들어가서 치고 빠지는 것이 아니라 적어도 년 단위로 버틸 수 있는 기업을 찾아내는 것이 우선입니다.

저는 우리가 돈으로 주식을 사는 것이 아니라고 생각합니다. 오히려 시간을 사는 것이라고 생각합니다. 주식 시장은 마음이 급한 사람의 돈을 기다림의 미학을 아는 사람이 가져가는 곳입니다.

투자는
수입으로 하는 것이 아니다

사람들은 돈을 많이 벌어서 부자가 된다고 생각합니다. 포인트는 벌어들이는 수입에 초점을 둔다는 것입니다. 물론, 완벽히 틀린 말은 아닙니다. 수입이 많다는 것은 투자할 기회가 많고, 투자할 종잣돈이 크다는 뜻이니까요. 하지만 그것만으로 부자가 되는 것은 아닙니다. 적은 돈으로도 충분히 시작할 수 있습니다. 핵심은 시작할 때 가지고 있는 종잣돈을 불려 나가는 것이지, 초반 물량이 아닙니다.

결국 현명한 투자자가 되는 것은 월 소득에 따라 결정되지 않습니다. 투자금의 크기보다는 효율적이고 정교한 투자금의 배분, 그리고 과감한 용기보다는 인내심과 지혜가 필요합니다.

경제 신문은
꼭 읽어라

경제 신문은 꼭 읽어야 합니다. 사람들을 솔깃하게 만드는 고급 정보보다 경제 신문이 훨씬 더 도움이 됩니다. 그런데 경제 신문을 읽을 때 주의해야 할 점이 있습니다.

놀랍게도 90%의 경제 기사는 실제로 아무런 도움이 되지 않습니다. 양질의 10%를 가려서 읽어야 하는데, 그것을 찾아내는 안목이 없다면 가장 쉬운 방법이 있습니다. 『이코노미스트』와 『블룸버그』 등의 해외 경제지를 중심으로 읽으면 됩니다. 요즘은 인터넷으로 번역도 잘되어서 나오기 때문에 굳이 영어에 능숙하지 않아도 쉽게 소화할 수 있습니다.

함께 읽는 이유는 간단합니다. 한국에 일어나는 경제 문제를 한국에서 바라보는 시각과 해외에서 바라보는 시각은 명확히 다른 경우가 많은데, 이를 비교하며 읽으면 객관적인 판단이 가능해집니다.

그렇다면 무엇을 비교하느냐? 제게 가장 중요한 세 가지를 꼽으라면, GDP와 경상수지 그리고 원유를 꼽을 것입니다. GDP는 많이 들어보셨듯이 국민 총생산입니다. 국민 총생산은 다시 내수 소비, 정부의 재정 지출, 경상수지, 기업의 투자 등으로 이루어져 있습니다.

한국은 항상 경상수지 흑자입니다. 상품수지[2] 외에는 적자가 발생하는 경우가 많지만, 한국은 수출주도형 경제 구조로 되어 있기 때문에 상품수지 흑자가 많습니다. 한국 학생들이 아무리 미국에 가서 공부를 많이 하고 여행객들이 해외에 자주 나가서 소비를 하더라도 워낙 수출량이 많기 때문에 대세에는 큰 영향을 미치지 않습니다. 그래서 한국의 경제 상황을 점검할 때는 경상 수지 흑자가 얼마인지가 매우 중요합니다.

미국의 지표를 봤을 때 미국은 경상수지가 심하게 적자가 나더

---

2) 거주자와 비거주자 간의 수출입 상품 거래를 계산한 것으로, '경상수지'의 한 부분이다. 이 중 상품수지는 수출과 수입의 차이를 나타낸 것으로 무역수지와 개념이 동일하다. 수출이 수입보다 많으면 흑자, 수출보다 수입이 많으면 적자로 표시한다.

라도 이것에 대해 '위험하다. 미국에 투자하면 안 되겠다.'라는 생각을 할 필요는 없습니다. 미국은 세계 제일의 마켓입니다. 각국이 아무리 다른 나라의 시장을 장악하고 점유율이 높더라도 미국 시장을 놓치면 기업이 성장하는 데 무리가 있습니다. 그런데 미국은 제조업의 붕괴로 경상수지가 심하게 적자가 나더라도 큰 문제가 되지 않던 이유가 있습니다. 값싼 인건비로 저렴하게 생산된 중국산 제품이 수입되었고 기축통화 국가라서 필요한 돈을 찍어내서 사용하였습니다. 그리고 산업의 구조가 제조업이 아닌 서비스업이 발달한 국가라서 지속적인 경제 성장을 이루어낼 수 있었습니다. 현재 트럼프 대통령은 미국 제조업의 부활을 꿈꾸며 열심히 노력하고 있습니다. 과거 역사를 보면 기축통화를 가진 국가가 기축통화 발행권을 믿고 제조업을 하찮게 여기거나 중요하게 생각하지 않았던 경우가 있습니다. 하지만 그 결과가 좋지 못했기 때문에 트럼프 대통령은 국가 부채를 줄이고 제조업을 다시 일으키려고 노력 중입니다. 여기에는 트럼프 코어 지지층의 염원도 담겨 있을 겁니다. 아무튼 미국의 경상수지가 적자라 하더라도 그 시장은 쉽게 붕괴되지 않을 겁니다.

마지막으로 원유입니다. 원유는 투자자가 알아야 할 매우 중요한 요소 중 하나입니다. 특히 한국은 제조업을 기반으로 수출을 해서 국가가 먹고산다고 해도 과언이 아닐 만큼 수출이 국가의 근간입니다. 그 중심에는 여러 원자재가 있는데 그중에서도 가장 중요한 것은 단연 원유입니다.

원유의 중심이 되는 시장은 서부 텍사스산 원유(WTI)[3]입니다. 세계의 원유 가격의 기준이 되는데 품질이 뛰어난 원유입니다. 그 다음은 중동에서 생산되는 두바이유입니다. 품질은 WTI보다 좋지 않습니다. 우리가 사용하는 물건 중에서 석유가 들어가지 않은 물건은 찾아보기 힘들고, 자연스레 한국 경제는 국제 유가에 매우 민감할 수밖에 없습니다. 원유는 공급량을 단기간에 늘리기 힘들고 반대로 단기간 내에 공급량을 줄이는 것도 힘듭니다. 원유는 수요가 많다고 갑자기 공급량을 늘릴 수 없습니다. 그 이유는 유전을 개발하고 만드는 데 충분한 시간과 자본이 필요하기 때문입니다. 그래서 한 번 유가에 불이 붙으면 공포감이 느껴질 만큼 무섭게 상승합니다. 우리는 기름값이 비싸져도 자동차를 타

---

3) WTI(West Texas Intermediate)는 영국 북해에서 생산되는 브렌트유, 중동에서 생산되는 두바이유와 함께 세계 3대 유종 중 하나다. 미국 서부 텍사스(West Texas) 중간 지역(Intermediate)에서 생산된다고 하여 약어인 WTI로 통용되고 있다. WTI는 국제 원유 시장에서 거래되기보다는 미국 내에서 주로 거래되지만, 국제 유가를 선도하는 가격 지표로 가장 많이 활용되고 있다. 그 이유는 세계 최대 선물거래소인 뉴욕상품거래소(New York Mercantile Exchange, NYMEX)에 상장된 중심 유종이기 때문이다.

야 하고 제품을 생산해서 판매해야 합니다. 원유는 이러한 이유로 여러 원자재 중에서도 매우 비탄력적인 원자재입니다.

유가는 특히 정치적 이슈에 민감합니다. 그래서 유가를 이해하려면 정치를 잘 알 필요도 있습니다. 오바마 재임 시절 미국과 사우디가 치킨게임을 했습니다. 당시 유가가 하락한 이유는 미국과 사우디가 정치적인 이유로 사우디에서 3차 치킨게임을 했기 때문입니다. 1차, 2차 치킨게임에서 러시아, 베네수엘라를 무너뜨렸는데 사우디가 이번엔 미국을 압도할 수 있다고 믿고 3차 치킨게임을 진행해서 셰일 가스 생산을 대폭 낮춰버렸습니다, 그런데 1차, 2차 치킨게임과는 다르게 치킨게임 후에도 점유율을 높이지 못하고 심지어 그 대가로 사우디는 심각한 타격을 입었습니다. 이 일을 계기로 미국은 셰일 가스 생산 단가를 낮출 수 있는 기술 발전에 공을 들였습니다.

유가는 하락하는 것도 상승 폭만큼이나 드라마틱하게 하락합니다. 갑자기 원유 공급을 늘리는 것이 힘든 만큼 갑자기 공급량을 줄이기도 쉽지 않습니다. 유전은 원유 생산을 중지하면 말라버립니다. 그래서 원유 수요가 감소하더라도 어쩔 수 없이 일정 생산량을 유지해야만 합니다. 수요는 감소하는데 원유 생산량은 유지되고 있으니 당연히 원유 가격이 빠르게 폭락합니다. 원유 투자는 이처럼 위험이 큰 투자이기 때문에 가까운 지인들에게조차 원유 투자는 잘 권해드리지 않습니다. 다만 원유 시장과 원유 가격이 어디서, 어떤 기준으로 책정되는지는 알아야 합니다.

시작은 경제 신문을 읽어야 하는 당위성으로 접근했지만, 결국 시장의 흐름과 미국이라는 시장의 가치, 그리고 짧지만 원유라는 가치를 둘러싼 정치 상황과 생산 상황까지 살펴보았습니다. 이 모든 내용이 경제 신문에 담겨있습니다. 어려운 책을 살펴보지 않더라도, 비싼 강의를 듣지 않더라도 알 수 있습니다. 이것이 바로 경제 신문을 읽어야 하는 이유이자, 적어도 현명한 투자를 위한 가장 기본적이면서도 저렴한 방법이라는 것을 알 수 있습니다.

누구도 달콤한 유혹에서
자유로울 수 없다

17세기의 천재 물리학자 아이작 뉴턴을 모르는 사람은 거의 없을 겁니다. 그런 그가 평생 모은 재산의 대부분을 주식 투자로 날렸다는 것을 아는 사람은 몇 명이나 될까요? 잘 모르는 분이 많습니다.

뉴턴이 당시 매입한 주식은 유럽에서 흑사병이 대유행하던 1720년 당시 영국 최고의 블루칩이라 불리던 남해 주식회사(South Sea Company)였습니다.

이 회사는 영국과 아메리카와의 노예무역을 허용해 주는 조약이 체결될 것이라는 추측으로 투기 바람이 불었는데 당시 뉴턴은 단기간에 투자금의 2배를 벌었습니다. 그때 멈췄다면 이 책에 소개되지 않았을지도 모릅니다. 적어도 이 챕터엔 소개되지 않았겠죠. 남해 회사의 주식은 꾸준히 올랐고, 뉴턴이 판 가격보다 무려

3배가 더 올랐습니다. 이때, 뉴턴은 이성을 잃었습니다. 가지고 있던 투자금과 일전에 벌었던 수익금 그리고 동원할 수 있는 모든 현금을 이 남해 회사에 투자했습니다. 주가는 분명히 빠지기 시작했는데 다시 오를 것이라 믿고 오히려 현금을 더 넣었습니다. 그런데 주가가 갑자기 10분의 1로 폭락했습니다. 뉴턴은 당시 돈으로 2만 파운드를 날렸는데, 지금 화폐 가치로 환산하면 300만 달러(약 33억 원)에 달하는 거액이었습니다. 이때, 뉴턴이 했던 유명한 말이 있습니다. "천체의 움직임은 수학으로 계산할 수 있지만, 사람들의 광기는 계산할 수 없다."

이 남해 회사 버블 붕괴는 미시시피 버블, 튤립 버블과 함께 3대 버블 사건으로 기억되는데, 중요한 것은 누군가의 정보 또는 갑자기 불어닥치는 광풍에는 이면이 있다는 사실입니다. 또한 우리 주변의 그렇게 똑똑해 보이는 사람도 주식 앞에서는 맥없이 쓰러질 수 있다는 것을 역사적으로 증명한 사례입니다. 쉽게 돈을 벌 수 있는 유혹은 많습니다. 하지만 그 이면까지 생각하는 경우는 거의 없습니다.

강 건너 불구경,
강 건너 돈 구경

사무엘 마틴 키어(Samuel Martin Kier, 1813~1874)라고 들어보셨습니까? 다소 생소하지만, 이 사람은 미국 석유 산업의 아버지로 알려져 있습니다. 태어난 년도와 사망 년도를 보시면 알겠지만, 석유의 아버지가 활동한 시기는 1800년대입니다. 키어는 석탄 운송 사업과 소금 공장을 운영했습니다. 어느 날 쌓아놓은 석탄에서 생겨난 오일 덩어리를 운하에 버렸는데, 며칠 후 그곳에서 불이 타오르는 광경을 목격하면서 그 오일 덩어리를 가지고 미국의 화학자와 연구하기 시작했습니다. 연구는 성공적이어서 양질의 정제법에 성공하여 등유를 만들어냈고, 이내 미국 최초의 정유 공장까지 설립했습니다.

최초는 키어의 것이었지만, 눈부신 영광은 록펠러의 것이었습니다. 우리가 한 번쯤은 들어본 그 록펠러가(家)의 록펠러가 맞습니다. 존 D. 록펠러(John D. Rockefeller)는 B. 클라크(Maurice B.

Clark), 새뮤얼 앤드루스(Samuel Andrews)와 함께 클리블랜드에서 정유 사업을 시작했고, 1870년에는 법인으로 '스탠더드 오일 (Standard Oil Co.)'을 설립했습니다.

등유와 석유가 생산되고 비슷한 시기에 '수요'도 창출되었습니다. 메르세데스-벤츠의 공동 설립자 중 한 명인 칼 벤츠(Carl Benz)가 1844년 독일 카를스루에(Karlsruhe)에서 태어났고, 머지않아 1863년에는 헨리 포드(Henry Ford)가 태어났습니다. 기껏해야 가정에서만 조금 쓰던 석유가 자동차로까지 확대된 것입니다. 가정에서 한 달을 사용할 석유를 자동차는 한 시간에 써버리면서 석유의 수요는 폭발적으로 상승했습니다.

이 이야기를 하는 것은 원유나 자동차에 대한 역사를 설명하기 위함이 아닙니다. 지금은 보편적인 상품이 된 것들이지만, 과거엔 분명 누군가 '최초'로 시작한 것이었고, 당시에도 획기적이었다는 점이 중요합니다. 다만 안타깝게도 그 시절에는 누가 개발하고, 누가 어떤 것을 준비하고, 어떤 미래를 그리는지 쉽게 알 수 없었습니다. 정보가 지금처럼 공개되지도 않았고, 정보를 얻을 수 있는 언론이나 미디어, 인터넷이 자리 잡기 이전이기 때문입니다.

그때부터 지금까지 수많은 발명이 이어졌습니다. 컴퓨터가 등장했고, 휴대전화가 등장했으며, 스마트폰이 등장했습니다. 만약 시간을 되돌려 여러분이 석유 개발 시기에 록펠러 근처에 있었다면 투자했을까요? 주저하지 않고 했을 겁니다. 지금의 애플의 위상을 알고 있다면, 스티브 잡스가 아이폰을 개발한다고 했을 때, 역시나 망설이지 않고 투자했을 겁니다. 미래가 확실하니까요.

하나 마나 한 소리라고 느껴질지 모르겠으나, 우리는 우리가 사는 지금 세대의 석유와 애플을 찾아내야 합니다. 세상은 변하고, 새로운 기술은 언제나 우리에게 찾아오니까요. 분명히 말씀드리지만, 기회는 반복해서 찾아옵니다. 찾는 자와 찾지 못하는 자로 구분되고, 찾으려고 적극적으로 노력하는 사람과 그저 강 건너에서 구경만 하는 사람으로 나뉠 뿐입니다.

석유가 발견되고 자동차가 탄생한 것과 비슷한 수준의 혁신적 변화가 지금도 있습니다. 100년에 한 번 오는 큰 변화의 시기입니다. 그건 바로 자율 주행 자동차입니다.

종래의 자동차 시장은 성장의 한계에 부딪혔습니다. 도요타 자동차부디 시작해서 독일 4사, 미국의 빅3 등을 포함해 현대차와 기아차까지 시가총액이 점점 줄어들고 있습니다. 현재 세계 1등 자동차 기업은 도요타입니다. 2위는 웨이모(Waymo), 3위와 4위는 폭스바겐 그룹과 테슬라가 경합을 벌이고 있습니다. 웨이모는 구글의 핵심 계열사로서 4단계 자율 주행 차를 완성하고, 지금은 자율 주행 자동차의 마지막 단계인 5단계 자율 주행 차를 개발하고 있습니다만, 아직까지 자동차는 단 1대도 시판한 적이 없는 기업입니다. 테슬라 자동차는 차량 판매 대수에 비해 아주 높은 기업 가치를 인정받고 있습니다. 이런 기업들이 왜 이렇게 비싼 몸값을 인정받을까요?

바로 자율 주행 자동차에 대한 기대감 때문입니다. 자율 주행 자동차의 최종 단계인 5단계에서는 핸들이 사라집니다. 어릴 적에 꿈꾸던 미래의 자동차가 이제 가시권에 와 있는 것입니다. 그럼 우리는 무엇을 하면 될까요? 석유가 탄생하던 100여 년 전처럼 세상이 바뀌는 모습을 그저 바라보면서 석유의 편리함에 감탄만 하고 있어야 할까요? 우리도 그 배에 올라타야 합니다. 자동차 산업의 미래와 부가 가치는 이미 새로운 곳으로 옮겨가고 있습니다. 사람들은 테슬라 자동차를 보며 감탄만 할 뿐, 투자할 생각은 좀처럼 하지 못하고 있습니다. 테슬라와 웨이모는 이제 시작일 뿐입니다.

우리는 먼 미래가 아닌 가까운 미래에 자동차 운전을 직접 하지 않을 겁니다. 운전자가 운전을 하지 않으면 무엇을 할까요? 우리는 바로 여기에 관심을 가져야 합니다. 운전하지 않고도 목적지에 도달한다면 일단 가장 먼저 운전자에게 시간적 자유가 생깁니다. 이 시간적 여유를 가지고 책을 읽고, 영어 공부를 하며 자기계발에 힘을 쏟는 사람들도 있겠지만, 대부분은 휴식의 영역에 해당하는 게임과 유튜브를 즐길 것입니다. 자, 그럼 이제 조금 더 들어가 봅시다.

이 자동차 안의 새로운 휴식 시간으로 인해 어떤 산업이 발달할까요? 역시 앞서 말씀드린 게임과 영상 매체를 이용한 볼거리 산업들이 득세할 겁니다. 애플이 애플 TV를 시작한 이유와 디즈니와 넷플릭스가 서로 앞다투어 좋은 콘텐츠를 확보하려고 하는 이유도 이것과 관련이 있습니다.

삼성전자가 9조 원이 넘는 돈을 주고 하만을 인수한 이유, 소니와 삼성이 이미지 센서에 목숨을 거는 이유, 삼성이 비메모리 반도체를 만들려고 노력하는 이유, 매 분기 조 단위의 연속 적자 기업인 우버가 여전히 100조 원에 근접한 기업 가치를 인정받는 이유도 모두 자율 주행 자동차와 연관이 있습니다.

미래를 예측하고 움직이는 스마트 머니는 이미 자율 주행 자동차 시장으로 들어가 있습니다. 소프트 뱅크의 손정의 회장은 100조 원짜리 비전 펀드를 만들어 대부분을 자율 주행 자동차 관련 사업에 투자하고 있습니다. 워런 버핏 회장도 마찬가지입니다. 워런 버핏은 애플 주식을 가장 많이 보유하고 있는데 그것이 과연 아이폰 때문일까요? 아닙니다. 애플 기기의 플랫폼을 기반으로 한 무한한 확장성과 자율 주행 자동차 때문입니다.

아마 지금부터 자율 주행 자동차에 대한 관심을 가지지 않고 강 건너에서 지켜만 보고 기술의 발전에 그저 감탄만 하고 있다면 20년 뒤, "그때 자율 주행 차를 샀어야 했는데…"라며 아쉬워할지도 모릅니다.

물론 아직까지도 완벽한 자율 주행 자동차는 나오지 않았습니다. 스마트 머니가 이미 들어가서 움직이고 있지만, 아직은 눈으로 보고 모든 메커니즘을 이해하고 투자하는 단계는 아닙니다. 하지만 워런 버핏이나 하워드 막스, 손정의는 적어도 일반인들보다는 훨씬 더 똑똑하고 미래를 잘 내다봅니다. 그렇다면 이 사람들의 판단이 맞을 확률이 높습니다. 그리고 이미 들어가 있는 자금이 수백조 원이고 이 정도 금액이라면 안 되는 일도 되게 만들

것이라 생각합니다.

　살짝 앞서 나가 투자를 하고 장기적인 관점으로 바라보는 것이 좋습니다. 이는 해당 산업이 전 사회적으로 인정받기 전에 들어감으로써 안정적으로 안전 마진을 확보하게끔 만들어 줍니다. 끝도 모르게 성장할 기업에 미리 올라탈 수 있게 해 줍니다.

　아직도 강 건너편에 계신다면, 지금 이 책과 함께 강을 건너오시길 바랍니다. 본인이 전문적인 예측을 할 수 없어도 됩니다. 조금만 부지런하면 세계적인 명망가들이 어떤 미래를 내다보고 있는지 쉽게 엿볼 수 있습니다. 유명한 영화 이름을 반대로 말씀드리며 마치겠습니다.

　"님아, 그 강을 당장 건너오시오."

워런 버핏의
최대 투자처

워런 버핏의 버크셔 해서웨이가 가장 많이 투자하는 회사는 어디일까요? 투자의 귀재가 투자하는 곳이라면 일단 한번 믿고 싶은 것이 일반적인 사람의 심리일 것입니다. 바로 말씀드리면, 애플입니다. 일차적으로 사람들은 애플이라고 하면, 아이폰과 맥북을 떠올리며 그 제품을 사려고 몰려드는 절대적 애플 지지자, 이른바 '애플 빠'를 떠올릴지도 모르겠습니다.

하지만, 워런 버핏이 애플이 단순히 그러한 마니아적인 제품을 만들어 내는 곳과 충성도 높은 구매자들을 보유한 곳이라 해서 투자했다고 볼 수는 없습니다. 애플은 단순히 아이폰만을 만들어 내는 회사가 아니기 때문입니다. 애플은 정확히 표현하면 플랫폼입니다. 세계에서 가장 큰 비즈니스의 장(場)입니다.

먼저 수많은 파생 상품들이 있습니다. 콩나물 같다며 디자인부터 비판을 받았던 에어팟(AirPods)은 이제 누구나 가지고 싶어 하는 위너비 제품이 되었습니다. 우린 수년 내에 "이어폰에 '선'이 있었어?"라며 의아해하는 세대를 만나게 될지도 모릅니다. 이 무선 에어팟의 2019년 매출은 7조 원입니다. 우리가 흔히 궁금한 것을 검색할 때 찾는 포털 사이트 네이버의 2019년 매출은 6조 원대입니다. 애플은 이 에어팟만으로 7조 원대의 매출을 올린 것입니다.

두 번째로, 앱 스토어라고 하는 애플리케이션 플랫폼입니다. 애플은 2020년 새해 첫날 앱 스토어가 단일 매출 최대치를 기록했다고 발표했습니다. 전 세계적으로 벌어들인 단 하루의 앱 매출만 3억 8,600만 달러, 한화로 약 4,472억 원입니다. 이는 애플 앱 스토어의 전년 동기 대비 약 20% 정도 늘어난 금액입니다.

하루 매출이 이 정도니, 1년 단위로 하면 매출은 비약적으로 상승합니다. 애플의 2019 회계연도(2018년 10월~2019년 9월) 앱스토어 매출은 최대 500억 달러, 한화로 약 57조 9,300억 원에 이른다고 합니다. 이 수치는 미국 경제 전문 잡지 『포천(Fortune)』에 의해 작성된 미국 내 5백대 산업, 포천 500 중 64위에 해당하는 수준이라고 합니다. 앱 스토어 하나만으로 미국 내 64위의 규모인 것입니다. 참고로 대한민국의 2020년 국방 예산은 50조 원을 조금 넘습니다. 한 국가의 국방 예산을 넘는 금액을 매출로 달성한 것입니다.

  여기에, 애플 TV와 애플 아이워치 등 부가가치가 아직 남아 있습니다. 하지만, 이러한 것들이 애플의 모든 것이라고 보긴 어렵습니다. 진짜 저력은 바로 자율 주행 자동차입니다. 언젠가 애플이 테슬라를 인수한다는 루머가 돌았습니다. 근거 있는 루머는 아니었습니다만, 제가 애플이 본격적으로 자율 주행 자동차 사업에 뛰어들 것으로 추측한 포인트가 있었습니다. 바로 애플이 많은 양의 OLED를 매입했다는 것이었습니다.

  너무나도 많은 양이라, 스마트폰에만 사용한다는 것은 납득하기 어려웠습니다. 그리고 얼마 후, 팀 쿡(Tim Cook)이 자동차 회사 사람들과 자주 만나는 것이 포착되었고, 애플이 자율 주행 자동차에도 관심이 있다는 것을 확신하게 되었습니다. 저는 이때부터 애플에 관심을 가졌습니다.

  애플이 만약 자율 주행 차를 만든다면, 다른 회사의 자동차와는 완전히 다를 것이라고 봅니다. 스티브 잡스로부터 시작한 애플은 기계에 인문학 가치를 더했습니다. 그리고 그것이 바로 강력한 브랜드 파워로 이어졌습니다. 어떤 디자인이든 사람들은 애플만의 가치를 찾았고, 추구했으며 열광했습니다. 이런 충성 구매자들이 만약 애플 자동차를 구매하게 된다면 어떻게 될까요? 스마트폰이 아무리 비싸도 200만 원이라면 자동차는 아무리 싸도 2,000만 원을 넘습니다. 기본 단가 자체가 달라지는 산업입니다. 애플은 분명 에어팟, 아이 워치를 넘어서 아이폰을 가칭 '애플 카'와 연동 시켜 만들어나갈 것이라는 예측을 충분히 할 수 있습니다.

실제로 애플은 자율 주행 자동차와 관련된 연구를 계속하고 있습니다. 2020년 1월 27일 IT 매체 『씨넷』에 의하면, 애플은 음성이나 동작, 터치스크린을 통해 자동차를 움직여 주차할 수 있는 시스템 특허를 출원했다고 밝혔습니다. 기존의 제조업과 IT 산업이 철저히 분리되었던 것과는 완전히 다른 세상이 다가오고 있는 것입니다. 이러한 세상이 도래한다면 가장 중요한 것은 보안이 될 것입니다. 여기서 말하는 보안 상태는 2가지로 나뉩니다. 먼저 하나는 정부 기관이 요청했을 때로부터의 보안입니다. 사용자가 잠금장치를 해둔 아이폰을 정부 기관이 해제해달라고 넙죽 풀어준다면 회사의 신뢰는 곧바로 땅에 떨어질 것입니다. 지난 2015년 캘리포니아 샌 버너디노(San Bernardino)에서 14명의 목숨을 앗아간 이슬람 극단주의자 테러범의 잠긴 아이폰을 풀기 위해 미연방

수사국 FBI가 애플에 해제를 요청했지만, 애플은 보안을 이유로 이를 거부했습니다.

이 과정에서 FBI는 지속해서 애플에 보안 해제를 요청했습니다. 이 뜻은 그 어떠한 정보기관도 애플의 보안을 쉽게 풀기 어렵다는 것을 방증하고 있습니다. 물론, 위의 사건에서 FBI와 법무부는 애플을 상대로 소송까지 진행했습니다. 소송 진행 중에 FBI가 잠금 해제를 하며 소 취하를 하긴 했지만, 애플은 그렇게 오랜 시간이 걸릴 정도로 까다로운 보안 체계를 구축하고 있습니다.

자율 주행 자동차 시대의 핵심은 보안입니다. 모두가 자율 주행 자동차를 이용할 때, 내가 타고 있던 자동차가 해킹당한다면 어떻게 될까요? 생각만 해도 아찔합니다. 스마트폰에 저장되어 있던 나의 금융 정보나 가족 정보가 유출되어 협박당하거나 나의 의사와 무관하게 자산이 인출된다면 어떻게 될까요? 상상만 해도 끔찍합니다. 이러한 상황에서 애플의 보안 기술을 더욱더 빛이 날 것입니다.

가치란 이런 것이라고 봅니다. 단순히 애플이 유명한 스마트폰

회사라서 투자하는 것이 아닙니다. 만약 그러한 단순한 접근만이 있었다면 워런 버핏은 절대로 가장 많은 자산을 애플에 투자하지 않았을 겁니다. 자, 그렇다면 이 책을 읽은 여러분은 어떻게 하면 될까요? 곧바로 애플에 투자를 한다? 물론 안전 마진을 확보한다면 나쁘지 않습니다. 몇 번 강조해도 지나치지 않은 게 안전 마진입니다.

 하지만, 누차 강조하듯이 이러한 애플과 같은 전도유망한 기업을 미리 알아보고, '쌀 때 사는 것'을 애초에 준비하셔야 합니다. 이러한 고민이 머릿속에 치고 들어온다면 단순히 유명한 기업이 아니라 미래의 세상을 내다보고 공부하고 자율 주행 자동차를 위한 기술들이 무엇이 필요하며, 어떤 회사가 그것을 준비하고 있는지를 자연스럽게 살펴보고 계실 겁니다. 그겁니다. 그 기업에 투자하는 것입니다. 바로 미래 가치이자, 나의 투자 가치입니다.

CHAPTER 3.

금융 투자에 관한 잘못된 오해들

주식은
도박이다?

주식은 도박이라는 편견이 많습니다. 단적인 예로 설명을 하겠습니다.

"이번 경기는 바르셀로나가 이길 거니까, 여기에 돈을 걸자."

이런 게 도박입니다. 저는 도박과 주식의 가장 큰 본질적 차이는 예측 가능성이라고 생각합니다. 바르셀로나가 이겨서 돈을 딸 것이라고 단편적인 접근을 한다면 도박이고, 바르셀로나 선수가 컨디션이 좋고 상대 전적에서 우월하며 그동안 원정 경기가 없어 체력 소모가 적은 데다가 최근 홈경기에서 무패 행진을 이어나가고 있어서 투자한다면 더 이상 단순한 도박이 아닙니다. 이 미묘한 차이가 단순한 도박과 투자의 차이입니다.

주위에서 자주 듣는 말이 "여윳돈이 조금 있는데, 한 달 정도

넣었다 뺄 주식 있어?"입니다. 그런데 한 달 후에 생길 일을 제가 어떻게 알까요? 그걸 안다고 하거나 그런 주식이 있다고 하는 것이 사기꾼입니다. 한 달 후에 어느 주식이 오를 것이냐고 조지 소로스, 워런 버핏에게 물어본다면 딱 떨어지는 답을 얻을 수 있을까요? 단언컨대, 없습니다.

그럼 주식이 무엇이냐는 질문이 생기는데 주식은 간략히 설명하자면 기업의 지분을 인수하는 겁니다. 기업이 돈이 필요하면 채권을 발행하거나 주식을 판매하는데, 채권은 돈을 빌려서 약속된 날짜에 이자와 원금을 돌려주는 겁니다.

주식은 돈을 빌려주는 행위가 아니라 기업의 지분을 파는 겁니다. 삼성전자 주식 1주를 갖고 있다면 적어도 1주만큼의 삼성전자 주인이 되는 것입니다. 다만 주식 수가 1주이기 때문에 내가 삼성전자의 주인으로서 행사할 수 있는 권한은 0.000000000001% 정도 될 겁니다. 이처럼 주식 투자는 미래를 맞히는 게임이 아니라 본질은 기업을 인수하는 것이고, 수익이 발생하나 수익률로 접근하는 것이 아니라, 앞서 바르셀로나의 경우처럼 그 회사의 전망과 비전, 그리고 다가올 새로운 시대에 대비한 기업 가치 평가의 과정입니다.

그럼에도 불구하고 많은 사람이 주식을 도박에 비유하는 이유는 심한 변동성 때문입니다. 주식은 가격 변동이 심합니다. 오를 것 같던 주식이 떨어지고, 떨어질 것 같던 주식이 오릅니다. 매 순간 이유는 다르지만, 매 순간 우리가 분석할 수는 없습니다. 심지어 분 단위, 시간 단위 분석도 쉽지 않으며 분석이 가능하다 하더라도 우리가 투자한 회사를 시간 단위로 쳐다보는 것은 거의 불가능에 가깝습니다. 그렇기 때문에 오히려 주식은 단기가 아니라 장기적으로 접근해야 합니다.

워런 버핏이 자주 하는 이야기 중에 이런 말이 있습니다.

"If you don't find a way to make money while you sleep, you will work until you die."

"당신이 자는 동안에도 돈이 들어오는 방법을 찾지 못한다면, 당신은 죽을 때까지 일하게 될 것이다."라는 말인데, 주식에 딱 어울리는 말입니다. 현금 자산만을 가지고 일하거나 적금만으로 재테크를 준비하고 있다면 우리는 영원히 일을 하며 살아가야 할지도 모릅니다.

주식은 오랜 고민 끝에 회사를 선택하는 것입니다. 다만 이 회사가 내가 잠을 잘 때도 돈을 벌어줄 회사인가를 심각하게 고민하고 따져봐야 합니다. 단순히 몇 달을 묻어둔다든지(?) 아니면 소위 단타 매매라고 하는 것을 통해 얼마를 먹었다든지(?)의 심리적 접근으로 하는 주식은 영원히 위험하고 도박이라는 말과 맞닿아 있을 것입니다.

하지만, 생각해 보십시오. 워런 버핏을 누구도 도박꾼이라고 하지 않습니다. 투자자가 기본적인 직함이고, '위대한', '현명한' 등의 거창한 형용사는 덤입니다. 주식은 도박이 아닙니다. 위험하지도 않습니다. 도박으로 몰아가는 것은 우리의 심리이며, 위험한 상황에 노출시키는 것 역시 쉽게 생각하고 뛰어든 우리의 잘못일 뿐입니다.

주식에는
전문가가 없다

주식 투자를 해서 깡통 계좌가 되는 사람들의 상당 수는 증권사 직원의 추천 종목, 유료 카페 정보, 친구 추천 등 주위 사람들의 추천만으로 주식을 고가에 매수하는 사람들입니다. 보통은 달콤한 추천만을 듣고 고가에 매수해 저가에 매도하니까 그럴 수밖에 없습니다. 이런 일이 몇 번 반복되면 투자 원금은 반토막이 되어 있습니다.

투자하는 돈은 우리가 안 쓰고 아껴 가며 모은 소중한 종잣돈입니다. 따라서 아주 냉정하고 정확하게 따져 봐야 합니다. 자산 운용사의 펀드 매니저, 애널리스트 또는 증권 회사에 근무하는 대리, 과장, 차장 등의 명함을 주고 책상에 명패가 있으면 주식에 대해 잘 아는 고수 또는 전문가라고 생각하기 십상입니다. 그 사람들이 현재 경제 상황과 시장 상황을 이야기해 주면 '우와~ 역시 전문가는 다르구나.' 이런 생각이 들 수도 있고, 결국 증권사 직원들이 추천해 준 종목을 묻지도 따지지도 않고 매수해버립니다.

한번, 조심스레 따져 보고 싶습니다. 정말 증권사 직원이 주식에 대해 잘 알기만 할까요? 냉정히 말해서 증권 회사에 취업해서 그 자리에 앉아있는 사람도 고등학교 때 국·영·수를 잘하고 '인 (in) 서울' 4년제 대학교 경제, 경영학과를 졸업한 후 증권 회사에 취업한 사람들입니다. 적어도 입사할 때는 주식과 큰 상관없이 들어온 경우가 많습니다. 관련이 있다 하더라도 주식의 고수라고 불리긴 어렵습니다.

증권 회사 직원은 증권 회사로 출근하는 '직장인'입니다. 그 사람들이 주식을 잘하면 본인부터 상당한 자산을 보유해야 하는데, 그들의 삶은 일반 직장인과 크게 다르지 않은 경우도 다반사입니다. 심지어 증권사 직원 중에서는 주식 투자를 하지 않는 사람도 많습니다.

반대로 설명해드리겠습니다. 워런 버핏도 투자에 실패합니다. 제가 지면을 할애해서 이 챕터를 쓰는 이유는 투자를 시작할 때, 소위 말하는 자칭, 타칭 전문가들에게 너무 큰 신뢰를 보낼 필요가 없다는 것입니다. 증권 회사도 직장이며, 우리가 아는 실력 이외에도 아부와 섬김(?)으로 진급을 해내는 사람들도 많습니다.

주식 시장에서 맹신은 곧 실패의 지름길입니다. 설명을 듣고 참고하되, 결국 결정은 나 스스로 내리는 것이며 그 결정 과정에서 내가 투자할 기업에 대한 정보와 객관적인 크로스 체크는 분명히 스스로 하셔야 합니다. 2020년 1월, 증권 전문가의 이야기를 듣고 거액을 투자한 개미들은 어떻게 되었을까요? 3월에 닥친 전 세계 코로나의 영향으로 모두 고전을 면치 못하고 있을 겁니다. 증권 전문가는 "이런 경우는 예상치 못했다."라고 이야기할 것이고 실제로도 맞는 말입니다. 보통은 이러한 예측 불허의 상황에서 조금이라도 더 적은 손실을 위해 빨리 매도할 것입니다.

하지만, 내가 직접 선택한 기업에 대해 정확히 안다면 분명 코로나는 인류가 극복할 수 있는 전염병이라는 전제하에 장기적 투자와 기다림이 가능해집니다. 실제로 4월부터 한국 증시는 꽤 안정세에 들어섰습니다. 돈이 많아서 쉽게 돈을 넣었다가 그냥 기다릴 수 있는 사람이라면 몰라도, 개미들은 이 상황을 건더내기가 어려울 겁니다. 따라서 전문가의 함정에 너무 매몰되지 말고 직접 내가 판단하고 고민해서 투자해야 합니다.

금융 상품에
대하여

금융 회사는 수많은 금융 상품을 만들어냅니다. 고객들은 일정 정도의 수익을 얻을 수 있을 것이란 기대감에 투자를 망설이지 않습니다. 하지만, 그 수익률이 과연 합리적인 것인지에 대해서는 고민해 볼 필요가 있습니다.

지금부터가 아주 중요한 이야기입니다. 재테크에 관심이 없는 사람도 보험 회사에서 판매하는 변액 상품이나 은행에서 판매하는 펀드에 가입해 보셨거나 권유받은 적이 있을 겁니다. 펀드에 가입해서 이익이 발생한 분도 계실 테지만, 손실을 겪으신 분도 많을 겁니다. 그건 그럴 만한 이유가 있습니다.

먼저 보험 회사에서 주력 상품으로 판매하는 변액 상품을 살펴보겠습니다. 변액 상품에 가입할 때 주로 듣는 이야기는 10년, 20년 동안 장기 투자하면 엄청난 수익이 생길 것처럼 말하는 것입니다. 이런 내용을 여러 그림과 그래프를 보여 주며 설명합니다. 보험 회사는 가입자가 당장 돈이 필요한 상황이 아니라 몇 년 후에 돈이 필요할 상황이 생기는 경우가 많다는 것을 전제로 합니다. 따라서 지금 가입자에게서 받는 돈을 최대한 안정적으로 잘 불리려고 할 것이고, 그 때문에 장기 투자에 대한 노하우가 뛰어납니다. 실제로 수익률이 나쁘지 않은 것도 사실입니다. 그런데 여기서 중요한 것은 그 수익률이 고객에게 돌아가는 경우는 많지 않다는 것입니다.

여기서 생각을 해볼 것은 사업비와 비용입니다. 보험 회사마다 다르지만, 평균 사업비를 10% 정도로 가정해 보겠습니다. 보험 회사도 땅을 파서 장사하는 것은 아니니까요. 가입자가 연 100만 원을 납입하면 후(後) 공제가 아닌 선(先) 공제로 사업비가 먼저 지출됩니다. 그럼 가입자는 100만 원을 납입했지만 실제로 운용되는 투자 원금은 90만 원입니다. 여기서 연 10%의 수익이 발생하면 99만 원이 됩니다. 원금 100만 원에 미치지 못하는 거죠. 현재 금리로 은행 적금 이율이 2%라고 한다면 연수익이 최소 14%는 되어야 보험에 가입하지 않고 은행 적금에 가입한 것과 비슷한 상황이 됩니다. 그런데 연 14%를 꾸준히 발생시킨다는 것은 월가의 전설로 불리는 '존 네프(John Neff)' 정도의 실력은 되어야 가능한 일입니다.

가입할 때 꼼꼼히 숨겨져 있는 숫자들을 잘 확인해야 합니다. 100만 원에서 마이너스 10%는 90만 원이지만, 90만 원에서 다시 100만 원이 되려면 10%가 아니라 최소 11% 이상을 넘겨야 합니다. 물론 수익이 발생하는 경우도 있습니다. 고객이 가입한 시점이 2007년도일 경우, 2008년 리먼 브라더스 파산을 겪으면서 폭락장에서 꾸준히 보험료를 납입해서 저렴한 가격에 기초 자산을 매입했다면 약간의 수익이 발생했거나 중도에 해지하더라도 손해가 적을 수 있습니다. 다만 그럴 거라면 삼성전자와 같은 우량주에 직접 투자하지, 왜 보험 회사에서 판매하는 금융 상품에 가입해야 할까요? 믿고 맡기는 과정이 편할 수도 있으나, 우리가 원래 최초에 원했던 수익률에는 미치지 못할 가능성이 크고 중도 해지 시에는 위약금이라는 불편함도 감수해야 합니다.

펀드에 관해서도 이야기해 보겠습니다. 은행에서 펀드 상품을 판매합니다. 가입자들은 펀드가 무엇인지 잘 모르는데 '설마 은행이 나한테 나쁜 걸 권하겠어?' 이런 생각으로 묻지도 따지지도 않고 은행 직원이 권해 주는 것을 믿고 가입하는 경우가 비일비재합니다. 이때 은행은 특정 증권사의 펀드 상품을 판매해 주는 것이고 그에 대한 수수료를 취득합니다. 따라서 펀드 상품은 대부분 은행 이자보다 수익률이 높지 못합니다. 은행과 증권사 모두 일정한 수수료를 가져가야 하니까요. 이 부분이 잘못되었다고 비판할 수는 없습니다. 누군가의 노동력과 시간이 투입되었다면 그에 대한 합당한 보상을 주어야만 합니다.

이 수수료를 통해 증권사는 직원들 월급과 펀드를 대신 판매해준 은행에 수수료를 지급합니다. 그뿐만 아니라 그 과정에서 발생하는 광고 비용, 자산 운용 비용 등의 부대 지출도 함께 발생합니다. 중요한 것은 그렇게 이리저리 다 지출하더라도 고객이 투입한 돈의 수익을 보장만 해준다면야 무슨 문제겠습니까? 하지만, 손실도 분명 발생하기에 문제가 됩니다. 원금 손실에 대해 비난의 소리를 들을 수는 있으나 이 원금 손실을 전액 보장해 주거나 그에 합당한 보상을 해 주지는 못합니다.

정리해 보면, 수익률은 기대치에 비해 낮지만, 손실에 대한 책임은 거의 없는 것이죠. 차라리 이럴 거면 그 돈으로 우량주를 사서 펀드나 적금 기간 동안 기다리는 것이 훨씬 더 이득이 될 것입니다. 불편하게 직원을 대면하지 않아도 되고, 중도 해지의 불편함도 없으며, 심지어 요즘은 대부분 애플리케이션으로 내 자산의 추이를 쉽게 확인할 수도 있습니다.

지금까지 변액 상품이나 펀드에 대해 부정적으로 말씀드렸는데, 이는 이 책의 특성이자 제 주장입니다. 상품을 찾고 지점을 찾아가서 설명을 듣고 어려운 약관을 검토할 시간에 내가 원하는 기업을 직접 선택하고 믿으며 수익을 기다리자는 것이 이 책의 핵심입니다. 은행과 증권사는 고객의 수익을 책임지려 하되, 자신의 회사 이익을 우선으로 할 수밖에 없습니다. 반면, 제가 투자한 회사는 스스로의 회사 가치를 높이기 위해 밤낮으로 고민하고 일하고 있습니다. 종목을 선택할 때, 고민해야 하는 시간이 많이 들겠지만 분명 그 시간이 그저 맡겨두는 증권사와 은행 상품보다는 훨씬 더 가치가 있습니다.

투자를 시작하기 전에, 그리고 재테크를 하기 전에 먼저 종잣돈을 만들어야 합니다. 이것이 노후 준비, 현재보다 더 나은 경제 상황으로 나아가는 첫 번째 단계이지만, 그 과정과 동시에 이루어져야 하는 것이 금융 지식과 자본주의에 대한 정확한 이해입니다. 종잣돈과 종잣돈을 스스로 운용할 수 있는 능력, 이 두 가지가 동시에 준비되지 않는다면 다시 원점으로 돌아가게 됩니다. 변액 상품과 증권사 펀드에 대해 더 구미가 당긴다면 제가 말릴 방법은 없지만, 짧게는 1년 정도, 길게는 5년 정도 어떠한 투자 방식이 스스로에게 더 경제적 이득을 가져오게 될지 한 번쯤 꼼꼼히 따져 보셔야 합니다.

대출받아서 주식 투자하면
절대 안 된다?

거의 모든 재테크 서적은 이런 말을 합니다. 주식에 투자할 때는 대출받으면 안 되고 반드시 내 여윳돈으로만 해야 하고, 대출받아서 주식에 투자하면 망하는 지름길이라고 말하고 있습니다. 저는 지금부터 그 고정 관념을 깨겠습니다. 대출받아서 주식하면 안 된다는 이야기는 분명, 틀린 말입니다.

강하게 이야기해 보겠습니다. 대출받아서 주식에 투자하면 망한다는 논리를 펼치는 사람은, 주식을 글로만 배운 분들이라고 생각합니다. 보통 대출을 언제 받을까요? 내가 구매하고 싶은 재화가 있는데, 당장 목돈은 없고 장기적으로 접근할 때입니다. 대표적으로 자동차나 부동산이 이에 해당합니다. 부동산에서도 대부분은 전세나 자가 소유를 위한 내 집 마련을 할 때입니다.

자동차 대출을 먼저 설명하겠습니다. 자동차를 살 때, 일시불로 사는 경우도 있습니다만 대부분 할부로 삽니다. 운용 리스든, 할부든 일정 유예 기간을 두고 갚아나가는 것을 통으로 할부로 표현하겠습니다. 이 경우 매월 원리금(비싼 이자)을 짧게는 12개월에서 길게는 60개월 동안 납입합니다. 자동차는 소비재입니다. 자동차를 구입하고 나서, 차량 등록 사업소에서 번호판을 장착하고 타이어가 한 바퀴라도 굴러가는 순간부터 차량 가격은 떨어집니다. 그런데 할부금은 가격이 하락한 상태가 아닌 새 차 상태의 값으로 꾸준히 수년간 이자와 함께 지출해야 합니다.

그런데 대부분의 사람은 여기에 대한 대출이나 이자 지출은 크게 개의치 않습니다. 사람마다 월수입이 다르지만, 카푸어에 해당하는 사람 몇몇을 제외한다면 자신의 수익 대비 합리적인 지출을 하고 있다고 생각할 겁니다. 하지만, 분명한 것은 그 대출은 분명한 마이너스입니다.

부동산은 조금 다릅니다. 특히, 집을 구매하거나 전세 대출은 실제로 내가 살 수 있고, 적어도 원금 손실은 없을 가능성이 높습니다. 전세 대출은 대출 이자를 내긴 하지만, 전세 자금은 회수가 가능하며 집값은 구매했을 경우 무조건 떨어지는 자동차와 달리 상승을 기대할 수 있습니다.

이제 주식과 대출에 관해 이야기해 보겠습니다. 제 개인 경험으로 이야기하고 싶지만, 신뢰도를 높이기 위해서 저명한 인사의 이름부터 등장시키겠습니다. 주식 투자에서 레버리지(대출)를 가장 많이 쓰는 사람이 누구일까요? 바로 워런 버핏입니다.

다만, 워런 버핏과 개인 투자자들의 대출에는 대한 큰 차이가 있습니다. 워런 버핏은 주가가 오르고 내리는 것을 그저 대충 예측해서 대출을 받지 않습니다. 철저히 분석하는 것이 첫 번째이고, 두 번째로는 그 주식이 정확히 기업의 평소 가치보다 저렴해졌을 때 즉, 안전 마진이 확보되었다고 느꼈을 때, 대출(레버리지)을 최대한 받아서 삽니다. 이게 포인트입니다. 막연히 대출해서 일종의 기대심리에 의지하는 것이 아니라, 수많은 회사 중 건실한 회사를 구분해내고 그다음에 그 회사의 가치가 평소보다 떨어졌을 때 삽니다. 즉, 쌀 때 사는 것입니다.

정확한 가치 평가를 해서 싸게 사면 아무런 문제가 되지 않습니다. 물론 절대 무리해서 하면 안 되고 내가 감당할 수 있는 만큼만 해야 합니다. 위험한 행동은 대출받아서 주식을 사는 것이 아닙니다. 진짜 위험은 내가 투자할 기업에 대해 전혀 분석하지 않고 그저 흐름이 상승 곡선이라고 해서 시류에 편승하는, 그 행동이 진짜 위험한 행동입니다.

주식은 기관과
외국인 투자자들이 유리하다?

개인 투자자들이 손실 발생 후 거의 이구동성으로 하는 말이 있습니다. "기관과 외국인 투자자들이 고급 정보를 가지고 움직이기 때문에 우리 같은 개인 투자자들은 손해를 볼 수밖에 없다."라고 하소연하는 것을 자주 듣습니다. 개인적으로도 저에게 그런 하소연을 하면 저는 못 들은 척하고 대답을 안 하는 경우가 많습니다. 기관 투자자와 외국인 투자자들이 정말 개인 투자자보다 유리한 상황에서 주식 투자를 하는지 잘 따져보겠습니다. 여기서 외국인 투자자들이란 주로 해외 자산 운용사들을 이야기합니다.

그들이 돈을 갖고 한국 시장에 왔을 때는 주식을 사러 온 것입니다. 기관 투자자도 당연히 고객의 돈을 펀딩받아 주식 시장에서 주식을 매매합니다. 여기서 우리가 알아야 할 것은 주식 투자는 개인 투지자가 매우 유리한 위치에서 진행하는 게임이란 겁니다. 그 이유에 대해 자세히 이야기하겠습니다. 앞서 말씀드렸듯이, 외국인 투자자든 국내 기관이든 주식을 매매해야 합니다. 가만히 있으면 안 되고 매매를 통해 수수료를 발생시키고 매매를 통해 수익을 발생시켜야 하는데, 힘든 건 금액이 천만 원 단위가 아니라는 점입니다. 수백억 원부터 수천억 원에 이르기까지 큰 자금을 매매를 통해 굴려야 하는데, 이는 대단히 어려운 일입니다.

하지만 개인 투자자는 투자 금액이 1억 원이 넘는 사람이 많지 않습니다. 대부분 소액 투자자들이기 때문에 매수와 매도가 아주 쉽습니다. 우리나라 주식 시장에 상장된 기업은 약 2,000여 개입니다. 그중에서 개인 투자자는 아주 마음에 드는 주식 5개 정도만 매수하면 됩니다. 그리고 그 5개만 관리하면 됩니다. 그런데 기관 투자자와 외국인 투자자들은 내가 꼭 사고 싶은 기업과 좋아 보이는 기업 몇 개만 살 경우 그 많은 돈을 모두 투자할 수 없습니다. 규정상 한 종목에 전체 비중의 몇 퍼센트 이상 담지 못하게 되어 있는 규정도 있고 기타 여러 가지 규정상 최대한 많이 골고루 주식을 매수해서 리스크를 줄여야 합니다. 또한, 좋아 보이는 작은 진주를 찾아도 규정상 시가총액 얼마 이하인 작은 기업에는 투자를 못 하게 되어 있습니다. 그 기업이 좀 더 커야 살 수 있어서 눈 뜨고 가만히 성장하는 걸 기다렸다가 더 비싼 값에 사야 하는 경우도 생깁니다. 그걸 지켜보는 펀드 매니저는 얼마나 화가 나고 억울하고 분할까요? 그런데 개인 투자자는 그럴 일이 없습니다. 어느 종목을 얼마에 얼마만큼 사든지, 누구도 뭐라고 하는 사람이 없습니다. 고급 정보에 관해서도 이야기해 볼까요? 앞서 고급 정보만 좋아하면 인생에 큰 불행이 닥칠 확률이 대단히 높아진다는 걸 이미 언급했습니다. 펀드 매니저나 외국인들은 개인 투자자들보다는 만나는 사람들이 다르니까 상대적으로 고급 정보를 보유하고 있을 겁니다. 그런데 그것은 큰 변수가 되지 않습니다. 고급 정보가 있다고 해서 고객한테 펀딩받은 투자금을 한 곳에 '몰빵'할 수 있을까요? 일단 규정상 한 곳에 모든 투자금을 넣는 것은 허용되지 않습니다. 또한, 혹시나 몰빵 투자에 대한 결과가 실패로 이어지면 그 회사는 다시금 고객을 유치할 수 없을 겁니다. 그래서 기관과 외국인들은 설령 고급 정보가 있다 하더라도 별로 필요하지도 않고 한곳에 몰빵할 수 없습니다.

결정적으로, 리먼 브라더스가 파산했을 당시의 상황이나 유럽 재정 위기 때 주식 시장이 하락세를 면치 못했던 점을 참고하면 알 수 있습니다. 하지만 이런 큰 하락장에서도 기관은 주식을 매매해야 합니다. 매매해야 수수료가 발생하고 회사에 이윤이 조금이라도 생기기 때문입니다. 그런데 개인 투자자는 위기가 오는 폭락장에서 주식 매매를 하지 않는다고 해서 뭐라고 하는 사람이 없습니다. 오히려 소액 투자를 한 개인이라면 어떠한 국면이든 더 편하게 빠른 판단으로 움직일 수가 있습니다.

그럼에도 불구하고, 독자 여러분 중에서 개인 투자자는 늘 손해만 본다고 생각하는 분이 있다면 제가 질문 하나 드리겠습니다. 2018년, 트럼프 대통령이 트위터로 매티스 장관을 해임했습니다. 그리고 바로 엔화 가치가 상승했습니다. 왜 엔화 가치가 상승했을까요? 이 질문에 빠르게 답할 수 있는 분이 있을까요? 그가 매티스 장관을 해임한 이유는 중동에서 미군을 철수시키는 데 이의를 제기했기 때문입니다. 저는 그 기사를 읽고, 제 지인 중 일본에서 사업하시는 분께 꼭 필요한 만큼만 한국 돈으로 들고 있고 최대한 엔화를 많이 보유하고 있으라고 이야기했습니다.

트럼프 대통령이 중동에서 미군을 철수시키는 것은 더 이상 미국이 세계 경찰 역할을 하지 않고 자국의 이익만을 생각하겠다는 뜻입니다. 그 이유는 셰일 가스와 셰일 석유를 통해 미국의 에너지원을 대외에 의존할 필요 없이 안정적인 수급을 할 수 있을 뿐만 아니라, 수출까지 가능한 상황이기 때문에 이제 사우디의 석유가 필요 없게 되었기 때문입니다. 미국이 그동안 세계 경찰을

자처한 이유는 앞에 언급했듯이 중동의 사우디를 통해 안정적인 석유 공급을 위해서였습니다. 일본은 한국처럼 수출주도형 경제 구조로 되어 있기 때문에 무엇보다 수출하는 일본 제품의 가격 경쟁력이 중요합니다. 그러려면 엔화의 가치가 낮아야 하는데, 이건 미국의 입김 없이는 어려운 일입니다. 그래서 일본이 미국에게 아시아 지역의 군비를 제공하고 그 대가로 얻은 것이 엔저 효과인데 미국이 세계 경찰의 역할을 포기하니 당연히 아베 정부는 두려움에 떨게 되고 엔화 가치가 상승할 수밖에 없는 구조입니다.

한 가지만 더 이야기해 보겠습니다. 10년 전 리먼 브라더스가 파산하면서 전 세계가 위기에 빠졌습니다. 그때 중국이 가장 많은 주가 하락이 있었고 그다음은 한국, 그다음은 일본이었습니다. 왜 중국에서 가장 많은 하락이 있었을까요? 그리고 왜 그다음이 한국이었을까요? 바로 답이 떠오르지 않는 분들이 많으실 겁니다. 일단 중국 시장에 거품이 심했던 것은 사실입니다. 그런데 중국에서 가장 많은 하락이 있었던 이유가 또 있었습니다. 그 이유는 서브프라임 모기지론의 부실 때문이었습니다. 서브프라임이란 저소득자를 칭하는 용어고 모기지론은 주택 담보 대출입니다. 즉, 저소득자 주택 담보 대출의 부실화로 저소득층들이 집을 잃고 길거리로 쫓겨난 것입니다. 평상시에 고액 지출을 할 수 없던 저소득자가 대량으로 파산하다 보니 중국산 저가품의 구매력도 함께 떨어졌습니다. 저소득층의 소비력이 떨어지니 이것이 중국산 제품들의 소비 둔화로 이어진 것은 당연한 결과입니다. 그래서 미국 내 중국 제품의 소비 둔화와 엄청난 거품을 우려해 주식 시장에 큰 폭락이 온 것입니다.

그다음은 한국 시장입니다. 저소득층 다음은 중·저소득층인데 이 소비 계층 역시 일부 집을 뺏기고 쫓겨난 경우가 적지 않았습니다. 그 영향으로 서민들의 소비가 둔화될 것이라 한국 주식 시장에도 폭락이 왔습니다. 그리고 유럽은 아시아만큼 큰 영향을 받지 않았는데 유럽 경제는 고급 브랜드들을 기초로 하고 있기 때문에 서브프라임 사건과 큰 상관관계가 없었습니다. 실제로 서브프라임 사건과 벤츠, BMW의 판매량은 큰 영향이 없었습니다.

자, 두 가지의 단적인 사례를 들어서 그 결과까지 유추해 보았습니다. 그런데 이런 경제 기사를 읽어도 이게 무슨 소리인지, 매티스 장관 해임과 엔저 현상이 무슨 상관인지, 서브프라임 사건 때문에 왜 한국 증시가 떨어지고 중국 증시가 폭락하는지 이해가 안 되는 상황에서 그저 감으로만 주식 투자를 한다는 것은 매우 위험한 일입니다.

　개인 투자자들이 주식 시장에서 손실을 반복하는 이유는 기관과 외국인에게 당해서가 아니라 경제의 흐름을 모르기 때문입니다. 주식 시장은 똑똑한 천재들이 깊은 경제 지식을 기반으로 지혜를 겨루는 곳입니다. 앞에서 언급한 기본적이고 쉬운 기사 내용도 이해하지 못하면서, 주식 시장에 들어와서 정보와 데이터로 무장한 기관과 외국인과 싸우려 한다는 것 자체가 무모한 일입니다.

　물론, 그렇다고 해서 곧바로 실망할 필요는 없습니다. 기관과 외국인들이 고급 정보와 뛰어난 두뇌, 막대한 자본, 언론 조작, 엉터리 기업 보고서로 여러분의 눈을 멀게 해서 종잣돈을 가져가려고 해도 주식 투자를 머리로 하지 않고 다른 방법으로 접근하면 됩니다. 머리 좋은 순서대로, 또는 경제 지식이 많은 순서대로 수익이 많은 것이 아니니까요. 그리고 다시 말씀드리지만, 고급 정보라는 것들도 맞지 않는 경우가 다반사입니다.

　기본적인 경제 지식을 알아야 하는 것은 당연하지만, 우리는 경제학지가 되려는 것이 아니라 재테크를 통해 노후를 준비하는 것이 목적입니다. 따라서 많은 경제 지식을 쌓아서 경제학 박사가 될 필요까지는 없습니다.

재테크는 여러 종류가 있습니다. 부동산, 주식, 채권, 금융 상품, 현물, ETF, 각종 파생 상품 등 여러 가지가 있는데 그중에서 경제적 감각이 가장 뛰어난 고수들이 하는 게 주식 투자임을 명심해야 합니다. 절대 만만하거나 쉽지 않습니다. 하지만 앞서 말씀드렸듯이 똑똑한 사람과 두뇌 싸움해서 이기려고 하면 안 됩니다. 우리는 보통의 두뇌를 가지고 있으니까요. 다른 방법으로 접근해야 합니다.

손절과 익절

개인 투자자들의 입에서 자주 나오는 단어가 손절과 익절입니다. 손절은 손실을 잘라서 매도한다는 말이고 익절은 이익이 난 부분을 챙기기 위해서 주식을 매도한다는 뜻입니다.

저는 제가 산 주식의 가격이 급하게 오를 때, 스트레스를 받곤 합니다. 대부분의 개인 투자자는 이를 이해하기 어려울 것입니다. 그 이유에 관해 설명하겠습니다.

예를 들어, 우리 집 앞에 햄버거 가게가 있습니다. 장사도 잘되고 햄버거 맛도 너무 좋고 가격도 착해서 너무 마음에 듭니다. 그래서 제가 그 햄버거 가게의 주식을 샀습니다. 햄버거 가게의 총 자본금이 3억 원인데 제가 1억 원어치의 주식을 1주당 1만 원씩 10,000주 샀습니다. 햄버거 가게는 너무 장사가 잘되어서 손님이 줄을 서서 기다려야 하는 상황입니다. 그런데 누가 저에게 햄버거 가게가 잘되니까 햄버거 가게 주식에 20%를 더 쳐서 1억 2천만 원에 햄버거 가게의 주식을 팔라고 하면 여러분이라면 팔겠습니까? 주식을 팔지 않고 가만히 들고 있으면 이익금의 일부를 배당금으로 받고 매년 계속해서 수익이 창출되는데, 이 주식을 파는 사람도 있을 수 있겠지만 장기적인 관점으로 본다면 당장 팔 이유는 없습니다.

햄버거 가게는 장사가 계속해서 잘되었고, 작년엔 3억 원을 벌었고 올해는 5억 원을 벌었습니다. 그런데 호사다마입니다. 장사가 너무 잘되다 보니, 줄을 서서 기다리는 손님들이 늘어났고, 대기 시간이 너무 길다고 항의가 들어오기 시작합니다. 대기 줄은 잘되는 가게의 상징이지만, 이것이 쌓이면 주변의 민원을 불러일으킵니다. 부득이하게도 올해 벌었던 5억 원 중 수익의 절반을 출자해 가게를 확장하는 데 씁니다. 물론 기분 좋게 확장할 수도 있겠죠. 인테리어 공사 후 2억 5천만 원이 남았습니다. 여기까지만 보면 결국 남은 돈은 작년에 벌었던 3억 원보다 5천만 원 적은 2억 5천만 원입니다. 총액을 두고 봤을 때, 햄버거 가게가 전년보다 5천만 원을 더 적게 벌었습니다. 가게는 앞으로 더 성장할 수 있고, 확장을 통해서 더 많은 수익을 가져다줄 수도 있습니다. 그런데 주식 시장에서는 이런 경우에 작년보다 이익이 떨어졌다고 곧바로 주식을 팔아버리는 사람들이 많습니다. 매출이 빠르게 증가해서 추가로 생산 설비와 물류 창고 건설 비용이 들어가서 작년보다 영업 이익이 줄었다는 소식이 돌면, 주가는 곧바로 하락합니다.

만약 햄버거 가게 주변에 오래된 건물들이 많고 낡은 상가들이 많아서 정부에서 도시 개발 계획을 세웠습니다. 낡은 상가들을 철거하고 고등학교, 중학교를 짓기로 했습니다. 그래서 햄버거 가게 앞에서 공사를 진행하게 되었습니다. 공사가 끝나면 학생들이 더 많아져서 장사가 더 잘되겠지만, 공사 기간 중엔 줄을 서서 기다리는 사람들이 공사 현장의 먼지 때문에 기다리지 못해서 매출이 눈에 띄게 줄어들었습니다. 공사 기간 때문에 손님들이 줄어서 매출이 하락했다고 한다면 그 햄버거 가게의 주식을 팔아야 할까요?

극단적인 대외 변수를 포함해서 예를 들었습니다만, 실제로 주식 시장에는 이런 일이 비일비재합니다. 경쟁사가 신제품을 출시했다고 해서 주가가 떨어지고 경쟁사 제품 디자인이 예쁘지 않다고 해서 주가가 오르는 상황들이 반복됩니다.

햄버거 가게가 인테리어 공사를 해서 전년 대비 이익금이 줄었고, 주가가 하락했다면 더 큰 손실이 두려워 손절해버리고 주식을 팔아야 할까요? 아니면 주식을 더 사야 할까요? 이 햄버거 가게가 이익이 줄었다 하더라도 현재도 돈을 잘 벌고 있다면 주가가 하락할 때, 오히려 주식을 더 사야 하지 않을까요? 제가 햄버거 가게의 주식을 1주당 1만 원에 샀는데 주가가 20% 하락해서 8,000원이 되었으면 더 사야 하는 것이 바로 주식입니다. 저는 이 정도로 장사가 잘되고 미래 전망이 밝은 햄버거 가게는 1주당 1만 원의 가치가 충분히 매력적으로 느껴지고 충분히 그 가치가 인정되어서 1주당 1만 원씩, 총 1억 원을 매수했습니다. 그런데 저는 1주당 1만 원의 금액도 매력적으로 느껴졌는데 지금은 1주당 8,000원이 되었으면 감사한 마음을 갖고 더 사야 합니다.

아주 단순한 논리입니다. 하지만 이것이 현실에선 어렵습니다. 일단 주가가 하락하기 시작하면 모두가 발을 뺀다고 생각하기 십상입니다. 재무제표까지는 아니더라도 왜 그 회사의 이익률이 떨어졌는지에 대해서는 조금도 고민해 보려 하지 않습니다. 이것이 개미 투자자들의 일반적 습성입니다. 회사가 확장을 위해 투자를 하고 그로 인해 이익률이 떨어졌다면 그 회사의 미래 가치는 오히려 더 올랐다고 볼 수 있습니다. 이 포인트를 잡아야만 합니다.

그 안목을 키워야만 합니다.

이러한 이야기는 분명 저 말고도 많은 사람들이 했을 겁니다. 이 책을 통하지 않더라도 충분히 공감할 수 있는 내용이지만, 현실에서 이를 적용하기 어려운 이유는 결국 감성이 이성을 지배하기 때문입니다.

다시 첫 문단으로 돌아가 보겠습니다. 저는 개인적으로 제가 산 주식의 가격이 오르면 불안하고 초조해서 괴로움까지 느낍니다. 아직 내가 원하는 만큼 주식을 많이 사 모으지 못했는데 벌써 주가가 올라가 버리면 미래에 내가 얻을 수익이 줄어들기 때문입니다. 그래서 저는 제가 산 주식이 떨어질수록 흥분되고 기분이 좋습니다. 그래서 2019년 12월을 기준으로 애플, 구글, 아마존, 엔비디아, 페이스북, 룰루레몬, 테슬라, 루이뷔통, 이런 주식들이 너무 많이 올라서 굉장히 불안했습니다. 반대로 우버는 손실이 큰 상태라 오히려 심리적으로 안정감을 줬습니다. 지금 가격대를 유지해 주거나 좀 더 하락하면 제가 현금 보유량이 늘었을 때 더 많이, 더 저렴한 값에 살 수 있기 때문에 기쁨과 설렘을 주고 있습니다. 좋은 종목을 오랜 고민 끝에 선택하면 그 종목이 분명히 반등하고 미래 가치가 충분하다고 믿기 때문입니다.

다시 말씀드리지만, 주식 시장은 이성이 감성을 지배하는 곳이 아니라 감성이 이성을 지배하는 곳입니다. 그래서 복잡한 경제 이론과 경제 지식은 오히려 큰 도움이 되지 않습니다. 가장 중요한 것은 누가 좋은 자산을 더 저렴한 가격에 매수하느냐, 이겁니다. 이것이 주식 투자의 90%를 좌우합니다.

그런데 좋은 자산을 싸게 살 기회는 평생에 몇 번 찾아오지 않습니다. 현실적으로 쉽지 않은 이야기죠. 그래서 추상적이고 뻔한 이야기는 누구나 할 수 있어서 우리에게 좋은 솔루션을 제공하기 어렵습니다. 여기서 현실적인 한마디를 드리겠습니다.

"좋은 자산을 비싸게 사는 것보다 괜찮은 자산을 싸게 사는 게 낫고, 괜찮은 자산을 싸게 사는 것보다 좋은 자산을 적당한 가격에 사는 게 낫다."

『손자병법』을 보면 싸우기 전에 이미 승패는 정해져 있고 전투를 하는 이유는 승패를 확인하는 과정이라고 기록되어 있습니다. 주식 시장도 『손자병법』에 기록된 것과 비슷하게 움직입니다. 애플, 구글, 비자카드, 네슬레, 골드만삭스, 버크셔 해서웨이, 아마존, 삼성전자, 이런 기업들이 실적 대비 주식 가격이 비싸지 않을 때 매수한다면 이미 승패는 정해진 것이나 다름없습니다.

우리는 항상 명심해야 합니다. 주식 투자에서 최고의 호재는 주가 하락이고 최고의 악재는 주가 상승입니다.

CHAPTER 4.

구구단처럼 쉬운 주식 투자

결혼할 배우자를 찾는 것처럼
매수하라

여러 투자자가 있습니다. 100억 원을 종잣돈으로 가지고 있는 사람은 주식에 투자하고 1억 원, 2억 원이 떨어져도 삶의 큰 변화는 없을 겁니다. 물론 속은 좀 쓰리겠죠. 반대로 1억 원을 투자한 사람이 2천만 원을 잃으면 어떻게 될까요? 적어도 전자의 사람보다는 훨씬 더 타격이 클 겁니다. 저는 이 책을 후자의 사람들을 위해서 쓰고 있습니다.

전자의 사람은 1~2억 원을 잃어버려도 종잣돈 100억 원을 가질 수 있는 사람입니다. 자연스레 다른 자산도 많이 형성되어 있을 겁니다. 하지만 후자의 사람은 2천만 원 또는 종잣돈 1억 원이 전부일 가능성이 높습니다. 그런 사람들일수록 투자에 신중해야 하고 장기적인 안목으로 다가가야 합니다.

자산이 많은 사람, 종잣돈 100억 원 정도를 굴렸다가 몇억 원

정도 실패해도 타격이 없는 사람들은 모르겠지만, 그렇지 않은 사람들은 몇 퍼센트의 수익률을 올리는 것보다는 꾸준히 안정적인 수입을 추구해야 합니다. 그래야 서서히 규모를 키워 가며 종잣돈도 불릴 수 있습니다. 안정적이라는 것에는 두 가지의 의미가 있는데 하나는 꾸준하다는 뜻과 다른 하나는 심리적 문제입니다. '3개월만 굴려야지.' 이런 단기적인 마인드로 투자에 뛰어들면 그 3개월 동안 등락을 반복하는 그래프처럼 내 마음도 들썩일 겁니다. 심리적 안정감이라는 것은 적어도 년 단위로 생각하는 것입니다. 앞서 설명해드린 카카오톡 26주 적금도 6개월이 넘는 장기전입니다. 또한, 적금처럼 투자하라는 것 역시 최소 5년, 10년 단위로 생각하라는 뜻입니다. 이렇게 될 경우 작은 그래프 등락에 크게 흔들리지 않습니다.

주식을 매수할 때는 결혼할 배우자를 선택하는 것처럼 신중을 기해야 합니다. 우리는 보통 결혼을 결심할 때 적어도 몇 개월에서 많게는 몇 년을 사귀어 보며 결정합니다. 그 사람의 외모, 경제력, 집안, 성격, 심지어 체형까지 꼼꼼히 따져보거나 그렇지 않더라도 시간을 두며 충분히 고민합니다. 주식도 마찬가지입니다. 내가 원하는 산업과 해당 종목의 산업계 평가, 최근 몇 년간의 평가와 등락 폭, 그리고 미래 가치, R&D 투자 가치 비율 등을 꼼꼼히 따져 봐야 합니다. 그리고 결정을 내리면 적어도 년 단위의 신뢰를 보내야 합니다. 우리가 결혼하고 나서 며칠 지나지 않아서 '에이, 이혼해야지.'라며 마음을 먹고 곧바로 법원으로 가지 않듯이, 주식도 마찬가지입니다. 아무리 오래 고민하고 선택했더라도 초반에 등락 폭이 생길 수 있습니다. 하지만, 이때도 맞춰 가는 과정이자 시간이 어느 정도 해결해 주리라고 믿으며 그 종목을 기다려 줘야 합니다. 결혼도 서로에게 맞춰 가는 과정이 필요합니다.

앞서 햄버거 가게 이야기를 했습니다. 햄버거 가게를 운영할 때 가끔 소고기 문제가 뉴스에 나올 때가 있습니다. 그러면 햄버거 매출이 떨어집니다. 그리고 날씨로 인해 채솟값이 폭등하면 채솟값이 안정될 때까지 이익이 줄어듭니다. 맞은편에 다른 햄버거 가게가 생기면 그 햄버거 가게가 문 닫을 때까지는 매출이 줄어들수 있습니다. 햄버거 가게 근처에 있는 학교가 방학을 하거나 추운 겨울에는 매출이 줄어들 수 있습니다. 매년 수많은 이벤트가 생기는데 그때마다 가게를 폐업하고 다시 개업할 수는 없습니다. 혹시 이런 이야기를 들어 보셨는지요? 자영업자들은 간혹 벌금을 낼 때가 있습니다. 벌금이 1천 5백만 원이고, 영업 정지로 인한 한 달 손해 비용이 1천만 원이라면 여러분은 어떤 선택을 할까요? 적어도 대부분의 자영업자는 전자를 택합니다. 벌금이 더 비싸더라도 그렇게 선택하는 이유는 한 달 동안 영업을 하지 않으면 단골은 우리 가게가 사라진 것으로 착각할 수 있고, 단골이 아니더라도 오다가다 들리는 손님이 발길을 끊을 수도 있기 때문입니다. 따라서 벌금을 내더라도 명맥을 유지하는 것이 훨씬 더 낫습니다. 주식도 마찬가지입니다. 등락 폭이 조금 생겼다고 해서 곧바로 매도하는 것이 아니라, 조금 더 기다려서 추이를 봐야 합니다. 분명 내가 선택할 때는 깊은 고민 끝에 택한 것이니까요. 믿고 기다려야 합니다.

워런 버핏이 실제 버크셔 해서웨이 주주 총회에서 찰리 멍거와 함께 했던 이야기인데, 주식 투자를 결혼에 비유해서 이야기한 적이 있습니다. 부부 사이에 싸우지 않고 오랫동안 잘 지내려면 배우자에게 기대를 하지 말라고 했다가 많은 이가 웃음바다가 된 것을 본 적이 있습니다. 저는 이 말에 동감합니다. 주식을 매수할 때 당장 주가가 많이 오르길 바라고, 빨리 수익이 두 배가 되길 바리며, 빨리 경쟁 회사가 망하길 바라고, 빨리 시장 점유율이 높아지길 바라고, 빨리 개발 중인 제품이 성공적으로 개발이 끝나길 바라면서 기대하는 것이 많아지면 마음이 급해져서 주식을 오랫동안 보유하는 게 힘들어집니다. 그래서 워런 버핏이 저렇게 말했을 때, 저는 충분히 동의가 되었습니다. 깊게 고민하되, 선택 후에는 무한히 믿어 줘야 합니다.

　기다림이 너무 지루하고 힘들 때는 일본의 도쿠가와 이에야스를 떠올리며 기다림의 미학을 배우셨으면 합니다. 다시 강조하지만, 최고의 호재는 주가 하락장이라는 점을 마음에 새기길 바랍니다.

변동성은 위험이 아니라 기회다

주식에서 위험은 내가 무슨 행동을 하는지 모르고 열심히 앞으로 돌격하는 행동입니다. 주식은 늘 변동성을 전제로 두고 있기 때문에 변동성 때문에 위험한 것이 아니라 그 성질 자체가 그렇다고 받아들여야 합니다. 상승도 변동이고, 하락도 변동입니다. 그래서 변동성은 기회입니다. 상승이란 내 수익이 늘어나는 것을 의미하고, 하락이란 좋은 주식을 저렴하게 살 수 있다는 뜻입니다. 따라서 우린 이걸 철저히 기회로써 접근해야 합니다.

변동성이 생기는 가장 큰 이유는 사람들의 변덕입니다. 어제는 이 주식이 좋다고 생각해서 샀는데 오늘 주가가 하락하는 것을 보고 곧바로 좋지 않다고 팔아버리는 것입니다. 이 변덕이 주식시장의 변동성을 끌어 옵니다. 만약 변동성이 없다면 주가는 365일 항상 정확한 가치만큼 평가되어 주가에 반영되기 때문에 우리는 주식을 저렴하게 살 수 없습니다. 사람들은 변동성에 관심이 많고 변동성에 집중합니다. 하지만 변동성은 단순 숫자일 뿐이지, 우리가 집중해야 할 대상이 아닙니다. 우리가 집중해야 할 대상은 기업의 가치입니다. 이게 본질입니다.

　야구 경기로 예를 들어보겠습니다. 경기에 이기기 위해선 결국 공 하나하나가 중요합니다. 투수는 삼진이 아니라 공 하나하나에 집중해서 던지고 아웃 카운트를 늘려야 하고, 타자는 출루와 득점이 아니라 투수가 던지는 공에 집중해야 합니다. 당장 점수가 뒤지고 있더라도 전광판에 나와 있는 점수가 아니라 바로 내 눈앞의 공에 집중해야 반전을 꾀할 수 있습니다. 대부분의 4번 타자들은 홈런 수도 많지만, 삼진의 개수도 많습니다. 이유는 간단하죠. 큰 욕심이 생기거나 큰 역할만 하려다 보면 스윙이 커지고 그 스윙은 홈런으로도 연결되지만 대부분 홈런의 개수보다 많은 삼진으로 이어집니다.

　야구는 9회 말 2아웃부터라는 말이 있습니다. 끝날 때까지 끝난 것이 아니라는 뜻으로도 연결되지만, 결국 그 아웃 카운트 하나를 남겨두고도 얼마든지 뒤집힐 수 있다는 의미도 담겨있습니다. 이때는 정말 공 하나에 승패가 결정될 수도 있습니다. 이때는 누가 더 마음을 비우고 공 하나에 집중할 수 있느냐로 승부가 결정됩니다.

주식 시장도 매우 비슷합니다. 주식 가격이 오르고 떨어지는 이유는 사람들이 많이 사기 때문에 주가가 오르고 사람들이 많이 팔기 때문에 주가가 떨어지는 것입니다. 주식을 하는 사람 중 몇 사람이 팔아버리는 것에 집중하면 무조건 가격은 떨어질 수 있으나 그건 투자자들의 행태이지, 기업의 가치마저 떨어져 버린 것이라 단정 지을 수는 없습니다.

우리는 현명한 투자자가 되어야 합니다. 현명한 투자자는 가지고 있는 종잣돈을 불리고, 지금 하는 경제생활 이외에도 수익을 창출해 노후까지 철저히 대비할 수 있습니다. 그래서 현명하지 않은 대중들과는 다르게 생각하고 오히려 반대로 움직여야 합니다. 급등주 분석기, 알파고 분석기, AI 분석기, 대선 테마주, 작전주, 고급 정보 이런 것들은 무시하시고 오로지 기업의 가치에만 집중하시길 바랍니다.

기업의 가치는 하루에 몇 %씩 오르내리지 않습니다. 몇 년 전 갤럭시 노트 배터리가 폭발하는 사고 때문에 다음 날 삼성전자의 주가가 10% 가까이 하락한 적이 있었습니다. 삼성전자는 제조업을 기반으로 하는 국내 1등 기업입니다. 제조업이라는 특성 때문에 서비스업에 비해 상대적으로 기업 가치 평가가 쉬우며 오차 범위도 크지 않습니다. 그런데 만약 당시 삼성전자의 주가가 10% 하락한 것을 그대로 기업 가치에 반영하는 것이 옳은 판단일까요? 기업의 객관적 가치 하락이 주가의 하락으로 이어질 수도 있으나, 주가가 일시적으로 하락했다고 해서 기업의 가치마저 곧바로 하락했다고 보긴 어렵습니다.

대중들의 변덕에 휘둘리지 말고 내가 투자하는 기업의 가치에 집중하길 바랍니다. 변동성이 짙은 주식 시장에서는 기업의 가치가 하락했는지, 주가만 하락했는지를 정확히 구분할 수 있어야 합니다. 제 스승님께서 하신 말씀을 남겨두겠습니다.

"현명한 투자자는 비관론자에게 주식을 사서 낙관론자에게 되파는 현실주의자다."

정치적 이유로 인한 주가 하락은
매수 기회다

기업의 주가가 하락하는 이유는 한 가지입니다. 사람들이 많이 팔기 때문입니다. 그런데 사람들로 하여금 주식을 팔게 만드는 이유는 다양합니다. 기업의 미래 성장 가능성이 훼손되어서 주식을 파는 경우도 있고 정치적인 이슈로 주식을 파는 경우도 있으며 차트를 보고 파는 경우도 있고 누구한테 빨리 팔라는 이야기를 듣고 파는 경우도 있습니다. 1번의 경우를 제외하고 나머지 이유들은 별생각 없이 다른 사람이 파니까 나도 파는 겁니다.

저는 몇 년 전에 호텔 신라 주식을 사서 보유 중입니다. 제가 처음 구입할 당시 주가는 9만 원이었습니다. 처음에 주식을 매입했던 이유는 당시 프랑스에서 총기 난사 사건이 있었는데 그로 인한 여행에 대한 불안감으로 면세점에서 사람들이 쇼핑을 덜할까봐 투매가 이루어졌는데 프랑스에서 사람이 죽은 것과 신라 면세점에서 쇼핑하는 것이 무슨 상관이 있길래 주가가 하락하는 건지 도무지 제 상식으로는 이해가 안 되어서 매수를 시작했습니다. 그런데 얼마 후 이 주식은 사드 미사일 문제 때문에 폭락하여 4만 원대까지 하락했습니다. 신문 기사에는 호텔 신라는 영원히 주가가 회복되지 못하고 면세점 사업도 끝났으며 중국과는 영원히 원수가 될 것이라는 부정적 기사가 하루에도 몇 개씩 쏟아져 나왔습니다. 하락이 너무 크고 매일 급락하는 탓에 사실 저도 잠시 움찔했던 건 사실입니다. 그런데 기업의 매출과 영업 이익 그리고 면세점 시장의 점유율 그리고 이부진 사장의 능력 등 여러 가지를 고려했을 때 아무리 보수적으로 접근하고 생각해도 주가가 4만 원대까지 떨어지는 것은 너무 과하다는 생각이 들이 추가로 더 매수했습니다. 주위에서는 주식을 직업으로 하는 사람조차 그걸 왜 사냐고 이야기하는 사람들이 많았습니다. 투자의 결정은 내가 하고 그 결과도 내가 받아들이는 것이기에 제 소신대로 저런 가격에 추가로 매수했는데 결과는 13만 원 근처까지 갔다가 지금은 9만 원 정도 선에서 머물고 있습니다. 물론 지금은 수익이 난 상태에서 약간의 배당금도 받아 가며 마음의 여유를 갖고 보유 중입니다.

제기 산 주식이 반토막 나는 경우 없이 꾸준히 우상향하는 줄로 오해하시는 분들이 계신데, 저도 경우에 따라서 반토막이 되는 경우가 있습니다. 반토막이 된 주식을 갖고서도 수익을 낼 수 있는 비결은 주가가 하락하고 상승하는 것에 집중하지 않고 기업의 가치에만 집중했기 때문입니다.

주식 투자를 하다 보면 내가 산 주식의 가격이 반값이 되는 경우가 누구에게나 있을 수 있습니다. 이건 누구도 피해갈 수 없고 예외도 없습니다. 심지어 워런 버핏도 크래프트 하인즈를 사서 지금 반토막 상태로 들고 있습니다. 저는 워런 버핏이 산 금액에 반토막이 난 걸 보고 저렴한 가격에 크래프트 하인즈를 매수해서 5%의 고(高)배당을 받으며 투자 중입니다. 저와 비교할 수 없는 훌륭한 분이 철저히 기업 분석을 해서 매수한 금액보다 반값에 살 수 있어서 노력은 워런 버핏이 하고 저는 결과만 같이 공유하게 되었습니다.

제 개인적인 생각인데 기업 분석이 자신 없으면 버핏 회장과 같은 사람이 투자한 종목을 따라서 사는 것도 매우 유용하다고 생각합니다. 수영장에서 100M를 1분 안에 들어와야 한다면 내가 하는 것보다는 펠프스와 박태환 선수에게 부탁하는 것이 훨씬 더 나을 테니까요.

현명한 투자자는 여기서 어떻게 할까요? 반토막 난 상태에서 절망에 빠져서 주식을 매각한 후 손실을 빨리 만회하기 위해 급등주로 갈아탈까요? 그렇지 않습니다.

현명한 투자자는 내가 매수한 주식의 가격이 반토막 났을 때 단순히 주가가 하락한 것인지, 아니면 정말로 기업의 가치가 하락한 것인지 다시 한번 냉정하게 기업 분석을 합니다. 그런 투자자가 현명한 투자자이며 여러분들도 현명한 투자자가 되어야 여러분의 종잣돈을 지킬 수 있습니다. 주식 투자는 그저 단순한 매매가 아니라 철학이라는 것을 잊지 않길 바랍니다.

저는 책에서 함부로 종목을 추천하면 안 된다고 생각합니다. 앞에서 예로 든 것은 실제로 있었던 일이지만, 이 책을 보고 곧바로 호텔 신라에 관심을 가질 분들을 위해 잠깐 이야기를 남겨두겠습니다. 제가 처음 호텔 신라를 매수했을 때는 중국인 관광객들의 수가 빠르게 늘고 있었습니다. 중국이 성장하면 중국 고소득층이 더 많은 소비를 할 것이라고 계산했습니다. 또한, 여기서 멈추지 않고 면세점의 요구가 높아질수록 중국 자국의 면세점이 발전하리라 판단해 제가 설정한 적정 가치가 되면 매도할 예정입니다. 그러니 무턱대고 호텔 신라를 매수하는 분은 없길 바랍니다.

씨앗은 단기간에 싹을 틔우지 않는다

모든 사람은 빨리 돈을 벌고 싶어 합니다. 그리고 그 돈으로 과시하고 싶어 합니다. 사람의 기본적 심리 중의 하나이니, 말릴 수는 없습니다. 하지만, 똑같은 시간에 누군가는 과시를 위해 지출을 하고 누군가는 미래와 자신의 인생을 위해 투자를 하고 있다는 점을 잊지 말아야 합니다.

며칠 전, 식당에서 칼국수를 먹고 있었습니다. TV 속 증권 방송에서는 투자 증권 매니저가 나와 진행자와 대담을 나누고 있었습니다. 이때, 진행자가 매니저에게 질문했습니다. 그 기업의 가치와 미래에 대해서요. 그런데 그 매니저는 장기적인 관점에서 이야기했고, 진행자는 개인 투자자들은 수익을 빠르게 얻을 수 있는 단기적 관점과 단기 투자에 대해서 관심이 있으니 그에 대한 전망을 말해달라고 했습니다. 즉, 단기적 투자의 시점은 언제이고, 투자로 인한 수익률 전망 등에 관해 설명해달라는 것이었습니다. 이

때, 증권사 매니저의 답변은 이러했습니다. "단기적으로는 잘 모르겠습니다." 진행자는 실망한 듯이 다른 질문으로 이어갔지만, 저는 개인적으로 그 매니저가 정말 신뢰할 만한 사람이라고 생각했습니다. 단기 주가를 예측할 수는 있습니다. 그리고 맞힐 수도 있고 틀릴 수도 있습니다. 하지만, 그에 대해 언급하는 것 자체가 이미 투자가 아닌 투기성의 발언이 될 수밖에 없습니다. 기업의 가치가 하루아침에 바뀔 가능성이 거의 없기 때문입니다. 만약 그때, 증권사 매니저가 "장기적인 관점으로는 예측하기 어렵지만, 단기적으로는 상승세를 탈 수밖에 없다."라는 식의 발언을 했다면 분명 개인 투자자들은 몰렸을 겁니다. 그 주식이 상승일지, 하락일지는 모르나, 그 결과에 대한 책임은 오롯이 투자자들의 몫입니다.

이번엔 장기적인 관점으로 다가서는 사람들에 관해 이야기해 보겠습니다. 일종의 씨앗을 뿌리는 사람들입니다. 대개 이런 사람은 부자들입니다. 단기적으로 주가가 오르거나 떨어지거나 이런 관심보다는 내가 사고 싶은 주식을 얼마나 더 저렴하게 더 많이 매수할 수 있느냐에만 관심을 갖습니다. 수익이라는 열매에는 아직까지 별 관심이 없습니다. 일단 먹고사는 데 어려움이 없으니 급하지 않습니다. 당장 급하지 않으니 장기적인 그림을 그릴 수 있는 여유가 생깁니다. 또한, 그렇게 접근해야 크게 수익을 올릴 수 있고 그렇게 해야 리스크마저 줄어든다는 것을 잘 알고 있습니다.

여기서 중요한 것은 무엇이 되었든 씨앗을 잘 뿌려두는 것이 열매를 거두는 것보다 더 중요하다는 것입니다. 열매는 결과적인 접근입니다. 열매에만 집착하다 보면 좋은 씨앗을 찾는 시간과 노력, 그리고 안목을 잃게 됩니다.

조급함은 투자의 큰 적입니다. 씨앗을 뿌리고 그 씨앗이 잘 자라서 좋은 열매를 맺는 모습을 상상하는 여유를 가져야만 합니다. 몇 번이고 반복해서 말씀드리지만, 주식은 적금처럼 꾸준함이 필요합니다. 그리고 그 꾸준함에 앞서서 좋은 종목을 택할 수 있는 노력과 안목이 절대적으로 중요합니다. 비가 오고 태풍이 몰아쳐도 흔들리지 않을 수 있어야 합니다. 이런저런 이유로, 대외적인 요인으로, 주변에서 들리는 빨리 매도하라는 속삭임 때문에 처음에 내가 선택한 종목을 쉽게 버려선 안 됩니다. 분명한 것은, 내가 뿌린 씨앗은 타인이 절대 나만큼 알지 못한다는 것입니다. 투자는 첫째도, 둘째도 처음 뿌린 씨앗을 믿고 움직이되, 단기적인 접근을 피해야만 한다는 점을 명심해야 합니다.

역발상 투자보다
위험한 것은 없다

영화나 드라마를 보면 주인공이 모험을 해서 성공하는 장면이 자주 등장합니다. 그 짜릿한 성공과 성공이 가져다주는 달콤함을 우리는 함께 공유합니다. 그리고 현실의 나도 그렇게 되길 희망합니다.

〈국가부도의 날〉, 〈빅쇼트〉라는 영화가 있습니다. 두 영화의 공통점은 실화를 바탕으로 한 영화이고 위기를 예측해 역발상 투자를 해서 성공하는 내용인데, 많은 사람의 심리를 자극합니다.

역발상 투자에 대한 간략한 개요를 이야기하자면 먼저 주가가 고점일 때를 예측하고 고점이라 판단되는 시점에 인버스 레버리지(주가가 하락했을 때 수익이 생기는 파생 상품)에 돈을 배팅합니다. 그리고 주식 시장이 반토막이 되면 원금의 두 배가 됩니다. 그리고 다시 상승에 배팅해서 수익을 만들어 보려는 초고위험 투자입니다. 이걸 맞추면 영웅이 되고 투자금에 따라서는 인생이 바뀔 수도 있습니다. 그런데 위기를 예측하는 것은 대단히 쉽습니다. 그래서 나도 〈빅쇼트〉의 실존 인물인 존 폴슨처럼 할 수 있을 것이라고 착각합니다. 2008년도에 서브프라임 사태가 있었을 때도, 이 사건을 예측한 사람은 많았습니다. 누가 봐도 상식적으로 말이 안 되는 일이 벌어지고 있었으니까요. 그런데 예측은 쉽지만 문제는 그 시점입니다. 당시 존 폴슨처럼 빅쇼트(하락에 배팅)했던 사람은 존 폴슨 한 명만이 아니었습니다. 많은 사람이 역발상 투자에 뛰어들었습니다. 그런데 문제는 타이밍입니다. 어느 시점에 폭탄이 터질지 아무도 알 수 없었기에 존 폴슨을 포함한 몇 사람만 2조 원이 넘는 대박이 났고 나머지는 모두 실패해서 참혹한 결과를 받아들여야 했습니다. 그 타이밍을 맞추는 건 인간의 영역이 아닙니다. 존 폴슨도 실력이 아니라 운이 따랐을 뿐, 그런 운이 두 번 따라오기는 쉽지 않습니다.

주식 투자의 대가이며 제가 제일 좋아하는 투자자인 피터 린치도 시장을 예측하는 사람 중에서 두 번 맞추는 사람은 평생 본 적이 없다고 했습니다. 역발상 투자는 미래를 예측해서 맞추는 행위입니다. 맞추면 인생 역전이지만, 못 맞추면 종잣돈을 다 잃고 주식 시장을 떠나야 합니다. 주식 시장의 과열을 맞추는 것이 어려운 게 아니라 거품이 터지는 시점이 언제인지 그것을 맞춰야 하는데 그 시점을 맞추는 것은 확률적으로 1%도 안 될 것 같습니다. 말 그대로 도박입니다. 성공 확률 1%에 내 인생을 건다는 것은 너무나 무모한 행동입니다. 영화 〈빅쇼트〉에서 주인공이 주택 가격 하락에 역배팅을 하고 나서 오랫동안 시장이 상승하고 거품이 터지지 않아 많이 괴로워하는 장면이 나오는데, 이것은 영화의 한 장면이지만 실제로도 사람들이 하락에 역배팅을 한 후 바로 거품이 터지지 않고 적지 않은 시간 동안 주가가 상승합니다. 그동안 주가는 상승하고 내 계좌는 주가가 상승하는 만큼 마이너스가 됩니다. 남들은 나를 바보라 비웃고 시장은 절대 하락할 것 같지 않은 분위기에 취해서 '내가 틀리지 않았나? 남들은 다 돈을 버는데, 나만 소외되지 않았나?' 이런 생각들이 엄습합니다. 버크셔 해서웨이 부회장인 찰리 멍거도 이런 말을 했습니다. "친구가 부자가 되는 것을 지켜보는 것만큼 괴로운 일이 없다." 그만큼 역발상 투자는 고통스러운 일이며 확률적으로도 매우 낮습니다.

그렇다면 경제 위기가 왔을 때 어떻게 기회를 잡느냐를 두고 궁금증이 생깁니다. 경제 위기가 왔을 때 특징은 고점 대비 주가가 50%까지 하락하는 것이 일반적입니다. 그러면 고점 대비 약

40% 정도 하락할 때부터 분할 매수를 하면 충분히 많은 수익을 얻을 수 있습니다. 레버리지(대출)는 고급 찌라시를 듣고 쓰는 게 아니라 이때 쓰는 겁니다. 제가 장담하건대, 모두가 공포에 질리고 패닉에 빠지며 주식은 쳐다만 봐도 두려움에 떨고 있을 때 우량주를 사면 제발 손실이 발생하게 해달라고 교회에 가서 기도하고 절에 가서 불공을 드려도 절대 손해가 생기지 않습니다. 시장은 비이성적으로 주가가 하락한 상황이라 장부 청산 가치보다도 시가총액이 작아져서 논리적으로 설명이 어려운 기이한 일이 발생합니다.

이런 투자를 가장 잘하는 사람이 버크셔 해서웨이의 회장인 워런 버핏입니다. 워런 버핏은 리먼 브라더스가 파산했을 때 여러 금융주를 반값에 주워서 벌어들인 돈이 현재 본인이 보유한 총재산 중 약 30%를 차지합니다. 경제 위기는 엄청난 기회를 불러옵니다. 국내는 물론 해외에서도 그 나라의 부자 순위가 바뀔 만큼 엄청난 기회를 주는 시간인데 그 기회가 주어졌을 때 낮은 확률로 드라마틱한 역발상 투자에 성공해 영웅이 되어서 조명을 받고 인생 역전을 노리는 것보다는 워런 버핏처럼 저평가된 초우량 주식을 반값에 주워 담고 기다리는 것이 훨씬 마음 편하고 더 낫지 않을까 생각합니다. 앞서 말씀드렸듯이, 이런 시기에 미래가 유망한 초우량 주식을 사는 순간 자본주의가 망하지 않는 한 이미 투자의 성공과 실패는 결정되어 있습니다.

증권 방송과 유료 카페에는
정답이 없다

저는 주식으로 인해 극단적인 선택을 한 사람들을 몇 번 본 적 있습니다. 유료 사이트에서 얻은 주식 정보를 고급 정보라 믿고 투자했다가 폭락을 거듭하자 원금을 크게 잃었고, 나머지 현금을 모두 끌어와서 다시 추천 종목에 돈을 넣었다가 또 하락을 면치 못했던 사람들이 대부분입니다.

주위에서 저한테 종목을 어디서 찾느냐고 많이들 물어보셔서 저는 보통 솔직하게 이렇게 대답해 줍니다. "이마트에 자주 가본다." 이 대답을 듣고 뜨악하시는 분도 계실 겁니다. 그런데, 이마트에 가면 놀라운 일이 펼쳐져 있습니다. 몇 년 전 여름, 모두가 기억할 만한 폭염이 있었습니다. 음료수를 사려고 이마트에 갔는데 물건이 없어서 직원에게 물어보니 다 팔려서 없다고 했습니다. 그래서 그럼 이 매장만 없는 건지, 아니면 다른 매장에도 재고가 없는 건지 확인 가능하냐고 물으니 점원은 잠깐 당황했다가 잠시만 기다려 달라고 하고 담당자를 불러왔습니다. 저는 그 자리에서 제가 듣고 싶은 이야기를 듣고 나왔습니다. 다른 매장은 재고가 있는지, 어느 매장에 재고가 얼마만큼 있는지, 추후 언제 입고되는지, 재고가 없는 이유가 공급에 차질이 있어서 그런 건지, 판매가 잘되어서 없는 건지 다 알 수 있었습니다. 해당 기업은 적어도 그해 여름에는 소비자들로부터 무한한 사랑을 받고 있었고, 자연스레 가치 있는 기업으로 분류해서 살펴볼 수 있었습니다.

주가에 가장 큰 비중으로 반영되는 것은 해당 기업의 실적입니다. 시중의 대형 마트는 소비자와 직접 마주치는 판매 현장입니다. 곧바로 실적을 확인할 수 있습니다. 펀드 매니저가 이렇게까지 조사하며 돌아다닐까요? 컴퓨터 앞을 벗어나기 어렵습니다. 즉, 실제 경기가 어떻게 돌아가는지 쉽사리 감을 잡지 못합니다. 현장은 가 본 사람만이 알 수 있습니다.

저는 그 이후에도 이마트나 홈플러스에 가서 각종 소비재에 대해 자주 직원들에게 묻습니다. 물건을 진열하는 직원들한테 식재료들 중에서 어느 기업의 제품이 잘 팔리는지, 어떤 제품이 잘 팔리는지 등에 대해서 자세히 알 수 있습니다. 제가 100%, 10,000% 징담히건대 이러한 실제 상황을 발로 뛰면서 직접 확인해 보는 것이 유료 사이트의 추천 주식이나 증권 방송의 이번 주 추천 주식 같은 것들보다 훨씬 더 낫습니다. 그러면 의문을 하나 가질 수 있습니다. 마트 매장에서 근무하는 사람은 펀드 매니저보다 훨씬 더 빠르고 정확한 고급 정보를 갖고 있습니다. 이분들은 왜 투자를 하지 않을까요? '주식은 아직 내가 하는 것이 아니다.', '나는 고작 매장 직원이기 때문에 고급 정보를 모른다.'는 이유에서라고도 생각할 수 있지만, 바로 그 현장에서 얻는 정보가 진짜 고급 정보입니다. 지금 당장 바로 내 눈앞에서 소비자가 어떤 물건을 어떤 제품을 찾고 선호하는지 직접 눈으로 보고 있는데 이보다 더 좋은 정보가 있을까요? 그런데 대형 마트 직원들과 이야기해 보면 본인들이 얼마나 중요하고 비밀스러운 고급 정보를 알고 있는지 스스로 모르고 있습니다.

언젠가 홈플러스에 간 적이 있습니다. 매장에는 진라면이 거의 없고 신라면만 가득했습니다. 라면 코너를 담당하시는 분에게 왜 진라면이 이렇게 없냐고 물었습니다. 오뚜기에서 진라면 공급이 원활하지 않냐고 물으니 그 직원분의 답은 명확하고 간단했습니다. "요새 진라면이 잘 팔리고 신라면이 덜 팔려요." 이 한마디 답은 너무나도 명확합니다. 이 말을 들으면 무엇을 해야 할까요? 당연히 오뚜기 주식을 봐야 합니다. 그런데 여기서 길게 생각하지 않고 라면이 잘 팔리니까 오뚜기 주식을 바로 사야 한다는 것이 아니라 현재 매출과 기업 가치에 비해 주가가 적절한 가치로 평가 되는지를 봐야 합니다. 그리고 라면이 잘 팔리고 매출이 상승할 것이라는 기대감으로 주식을 매입하려 하는데 과연 오뚜기에서 라면 매출이 전체 매출에서 차지하는 비중이 얼마나 되는지도 확인해 봐야 합니다. 과연 라면만 잘 팔리는 것이 오뚜기의 전체 매출을 견인할 만큼 비중이 큰지 잘 따져 봐야지, 라면만 잘 팔린다고 해서 단순하게 접근하는 것은 조금 무리가 있습니다. 저는 라면이 잘 팔린다는 말을 듣고 식료품 코너에 가서 거기 담당자를 불러 달라고 해서 또 한 번 자세히 물었습니다. CJ 제일제당, 대상, 오뚜기 중에 어느 기업 제품이 가장 잘 팔리냐고 물으니 제품마다 조금씩 달라서 잘 모르겠다고 했습니다. 그래서 오뚜기, 대상, CJ 제일제당 회사별로 어떤 제품이 많이 팔리는지 그 가격대와 판매량을 자세히 알고 싶다고 물으니 살짝 귀찮아하는 표정을 보이면서 조금 더 높은 사람을 데리고 왔습니다. 그분이 저한테 어떤 일 때문에 그러시냐고 물으셔서 회사별로 잘 팔리는 제품만 사고 싶다고 했습니다. 그 이유는 잘 팔리는 물건이 회전율이 빠르고 신선도가 좋을 것 같아서 쇼핑하는 데 참고하려 한다고 말같지도 않은 이유를 말하니 그분이 아는 범위 내에서 최대한 자세히 알려주셨습니다. 고객이 이 매장에서 쇼핑하려고 묻는데 귀

찮더라도 안 가르쳐 줄 수는 없었을 것입니다. 이처럼 이마트나 홈플러스에 가면 국내 거의 모든 기업의 소비재들을 만날 수 있습니다. 일부러 가지 않더라도 쇼핑하러 갔을 때 직원들에게 자세히 물어보시면 펀드 매니저들보다 더 좋은 고급 정보를 친절히 대답해 줄 겁니다.

여기서 말씀드리고 싶은 것은 꼭 이마트, 홈플러스에서만 좋은 종목을 찾을 수 있다는 것이 아닙니다. 우리 생활에, 우리 삶 속 곳곳에 숨어 있습니다.

스타벅스에서 사람들이 비싼 가격에 커피를 마시고, 단지 다이어리를 받기 위해서라도 스타벅스를 연말에 집중적으로 찾는다면 스타벅스 주식도 검토해 볼 수 있습니다.

주변의 부모들이 우리 아들, 우리 딸이 서울대에 가야 한다며 고액의 사교육비에 투자하고 있다면, 그리고 그런 사람들이 많다면 메가스터디에 투자하는 것도 괜찮은 투자가 될 수 있습니다. 너무나 쉽고 이해하기 쉬운 사업이니까요. 다만 한국의 결혼율이 줄고 인구가 줄어들고 있으며 출산율이 낮아지고 있다는 점도 고려해야 하겠죠.

괜히 들어도 이해하기 어렵고 알아듣지도 못하는 로봇, 의학, 신약 개발, 인공지능, 미래 에너지, 첨단 소재 등 복잡하고 어려운 첨단 기술 분야에 투자하는 것보다 스타벅스나 라면, 핸드폰, 쇼핑 등 듣고 이해하기 쉬운 사업 구조에 투자하는 것이 실패 없이 돈을 벌 확률이 훨씬 높습니다.

내가 이해할 수 있는 범위 내에서만
주식을 골라야 한다

투자할 주식을 고를 때는 내가 이해할 수 있는 범위 내에서 기업을 골라야 합니다. 개인 투자자들이 좋아하는 주식은 정치 테마주, 보물선을 발견하는 기업, 바닷속에서 유전을 찾는 기업, 아프리카 유전 개발 기업, 차세대 신약 개발 기업, 획기적인 암 치료제 개발 기업, 에이즈 치료제 개발 기업, 줄기세포 연구 관련 기업, 친환경 과학 기술 관련 기업, 가상 화폐 관련 기업 등이 있습니다. 그런데 이 회사가 무엇을 하는 기업이고 정확히 어떠한 비전을 가지고 있냐고 물어보면 이에 대해 대답할 수 있는 사람은 거의 없을 겁니다.

실제로 주식 투자로 돈을 많이 번 워런 버핏은 위에 나열한 이해하기 어렵고 복잡한 기업이 아니라 맥도날드, 코카콜라, 비자카드, 질레트, 골드만삭스 등 이해하기 쉽고 단순한 기업에 투자해서 부자가 되었고 피터 린치도 던킨도너츠로 많은 돈을 벌었습니다. 내가 투자한 기업이 이해할 수 없는 기업이라면 그건 투자가 아니라 '묻지 마 투기'입니다. 사람들이 소비할 때는 보통 여러 가지를 고려하고 따지며 분석합니다. 수박을 살 때도 신선도를 따지고 당도를 따집니다. 가전을 살 때도 인터넷 제품과 대리점 제품을 구분해서 살펴봅니다. 여행을 갈 때도 마찬가지입니다. 어느 맛집을 가고 어디서 숙박을 하고 호텔마다 가격 비교, 음식 비교, 후기 검색, 비행깃값이 언제가 싼지, 특가 상품은 없는지 등을 꼼꼼히 따지고 분석합니다.

주식 투자는 우리의 노후를 준비하는 인생에서 대단히 중요한 부분이라 여행이나 가전제품 구입과는 비교도 할 수 없을 만큼 중요합니다.

대부분의 결정에서는 신중하고 책임 있는 결정을 내리지만, 유독 주식에 돈을 투자할 때는 이성을 잃어버리는 경우가 많습니다. 위에서 언급했듯이 투자할 기업은 우리 생활 곳곳에 숨어 있습니다. 복잡하고 어려운 기업 말고 내가 이해하기 쉬운 기업을 찾아 합리적인 가격에 장기간 투자하신다면 높은 확률로 좋은 열매를 먹을 수 있습니다. 몇 년 전 워런 버핏에게 사람들이 "왜 스타벅스 주식은 투자하지 않았느냐?"라고 물으니 "스타벅스는 내가 이해하지 못하는 사업이다."라고 대답했습니다. 맛있는 코카콜라가 있는데 쓴 커피를 왜 사 먹는지 나는 이해가 안 되어서 투자하지 않는다고 답했습니다. 워런 버핏은 일명 초딩 입맛으로도 유명하죠. 재미있기도 하지만 워런 버핏 회장님의 투자 철학을 잘 알 수 있는 대목입니다.

주식은
로또가 아니다

사람들은 주식 투자를 로또처럼 생각합니다. 잘만 하면 연 10%, 20%의 수익을 올릴 수 있다고 말하면 비웃습니다. 고작 '20% 먹으려고' 주식 하느냐는 것이죠. 개인 투자자들의 욕망은 무한대입니다. 내가 사는 종목마다 반토막 나고 손절하면서도 연 20%를 이야기하면 양에 차지 않아서 하지 않는다고 합니다. 그 이유가 주식은 로또라고 생각하기 때문입니다. 그러나 주식은 로또가 아닙니다.

주식 투자는 내 자본을 투자받은 기업이 성장하는 것을 지켜보고 기다리며 성장하면서 얻은 이익을 공유하는 행위입니다. 그런데 단기간에 10배, 20배 상승하는 기업을 찾아 헤매고 있습니다. 사실 그런 기업은 존재하지 않습니다. 신기루일 뿐입니다. 누군가는 그런 사람이 있다고 하고 방송에서는 20배, 30배를 먹었다는 이야기가 나오니 나도 그런 주식을 찾아서 함께하고 싶은 마음이

듭니다. 그러나 그런 마음은 신기루를 보고 오아시스인 줄 알고 쫓아가는 것과 다르지 않습니다. 대부분의 개인 투자자들이 이런 식으로 접근하기 때문에 주식 투자에 실패하는 것입니다. 주식은 그런 일확천금이 아닙니다.

금리는 투자의 근거가
되지 않는다

저금리 시대가 의미하는 것은 중기적으로 부익부 빈익빈이 가속화된다는 것을 의미합니다. 모든 금융 소득의 근본은 기준 금리로부터 시작되기 때문입니다.

금리가 하락하면 돈을 빌려준 사람, 저축한 사람, 약간의 현금을 가진 사람은 수익을 얻기 어려워지는 구조가 만들어집니다. 많은 현금을 가진 사람은 은행에 예금하지 않으니까요. 부자들은 저렴한 금리로 돈을 빌려서 투자합니다. 시중에 풀리는 돈의 양이 많아져서 자산의 가격은 더 오르고 자산을 가진 사람은 더 부자가 됩니다. 물론 저금리가 자산 가격의 상승을 가져오는 것은 영원하지 않습니다. 장기적 관점에서 본다면 결국 기업의 가치가 모든 것을 말해 주기 때문입니다.

그럼 투자 결정의 근거로 금리를 보고 투자하면 될까요? 그건 위험한 행동입니다. 그 이유는 금리가 중기적인 관점에서는 자산 가격의 상승을 불러오지만, 단기적으로는 사람들의 심리에 의해서 움직이기 때문입니다.

사람들은 주식을 사서 이런저런 걱정을 합니다. 주가가 떨어질까 봐 많은 걱정을 합니다. 스스로 주식을 잘한다고 착각하시는 분들은 공통적으로 시장 상황에 대해 자신이 아는 것이 많다고 합니다. 그 이야기를 들으려면 한참 걸리는데 대부분 내가 투자한 기업과는 무관한 이야기들입니다. 그중에서도 대표적인 것이 "미국 연준에서 금리를 올리면 시장이 이렇게 되고 저렇게 돼서 주가가 오른다, 떨어진다." 이런 이야기를 참 많이 합니다. 그런 분들한테 보여 드리고 싶은 글이 있습니다.

"오늘 월스트리트에서는 금리 인하 소식이 주식 시장을 상승시켰지만, 금리 인하로 인플레이션이 발생하리라는 예상이 나와 시장은 다시 하락했습니다. 그러나 금리 인하로 부진한 경기가 살아날 수도 있다는 인식이 다시 시장을 상승시켰고 이에 경제가 과열되어 금리를 더 높일 수도 있다는 우려가 제기돼 시장은 결국 하락했습니다."

무슨 말인지 잘 아실 겁니다. 금리와 주식은 상관이 없다는 것입니다. 사람들은 걱정이 많습니다. 비가 와도 걱정, 비가 안 와도 걱정입니다. 많은 걱정을 하다 보니 그 걱정이 진화하고 발전해서 이젠 다른 나라가 이자를 올리는 것까지 걱정하고 있습니다. 그건 불필요한 걱정입니다. 장기적으로는 금리와 기업의 가치는 무관한데 왜 다른 나라가 이자 올리고 내리는 것까지 걱정하는지 이해하기 어렵습니다.

반복해서 강조하지만, 주식 투자는 기업의 가치에 투자하는 것입니다. 기업의 가치와 비교해 시가총액이 저렴하게 평가되는지, 기업의 가치 대비 주식이 비싸게 평가되는지 기업의 사업 모델과 미래의 성장성을 보면 다른 것들은 신경 쓸 이유가 없습니다.

모든 리스크는
시간이 해결해 준다

사람들이 주식 투자에서 가장 걱정하는 것이 미래의 리스크입니다. 하지만 모든 리스크는 시간이 해결해 줍니다. 한국은 1953년의 한국 전쟁을 끝으로 경제 성장을 시작할 수 있었습니다. 국민소득 3만 달러인 지금까지 겪었던 사건들을 보면 한국 전쟁, 4·19 혁명, 1차·2차 오일 쇼크, 베트남 전쟁, 광주 민주화 운동, 걸프전, IMF, IT 버블, 9·11 테러, 카드 대란, 리먼 브라더스 파산, 유럽 재정 위기, 미·중 무역전쟁 등 엄청난 사건들을 겪었습니다. 각 사건마다 당시 상황은 너무나 긴박하고 불안해서 거의 모든 투자자가 패닉 상태였고 당장 세상이 어떻게 될 것 같은 불안감과 공포감이 온 세상을 지배했습니다.

그런데 시간이 흐르면서 지금은 잘 기억도 안 나는 역사로 남았습니다. 그런 엄청난 사건으로 주가가 반토막이 된 상태에서 주식을 매수했다면 지금쯤 모두 다 부자가 되었을 겁니다. 지나고 보면 아무것도 아닌 일들이죠. 주식 시장은 원래 그렇습니다. 자본주의 체제가 유지되는 동안 자산 가격은 항상 우상향하는 것이 자본주의의 원리입니다. 앞에 나열한 사건들처럼 엄청난 사건이 터지면 당장 어떻게 될 것만 같은 공포감 때문에 단기적으로는 주가가 하락하지만, 그건 잠깐 일어나는 일입니다. 주식 차트를 10년, 20년 정도 길게 보면 당시엔 엄청난 폭락이지만 길게 보면 별일이 아닌 것을 알 수 있습니다.

거대한 사건이 아니라도 마찬가지입니다. 금리가 오르면 시중의 유동 자산이 줄어들어서 주식이 내려갈까 걱정이고, 금리가 내리면 공황이 다시 올까 걱정합니다. 유가가 올라도 걱정이고, 떨어져도 걱정입니다. 매일 걱정할 수밖에 없는 상황이지만, 위에서 언급했듯이 자본주의 체제가 그렇게 쉽게 무너지진 않습니다. 우리는 이 책을 통해 주식을 빠르게 팔아치워야 할 이유를 찾는 것이 아니라, 위기를 기회로 만들어서 장기 투자를 시작할 타이밍을 찾아내야 합니다.

다만 과거의 기록만을 가지고 미래의 주가를 예측하는 행위는 매우 위험합니다. 모든 리스크는 시간이 해결해 줍니다. 제가 생각하는 투자란 상식을 가지고 미래를 바라보는 행위입니다. 과거를 살펴보되, 항상 핵심은 미래입니다.

똑똑한 머리보다
기다림이 낫다

사람들은 주식 시장에서 똑똑한 사람이 돈을 많이 벌 수 있다고 생각합니다. 그리고 고급 정보를 얻는 사람이 큰 수익을 얻을 거라 생각합니다. 경제 지식이 풍부한 사람이 주식으로 부자가 될 것이라 생각합니다.

세 가지 모두 틀렸습니다. 주식 시장은 똑똑하고 정보를 많이 알고 지식이 많은 사람이 돈을 버는 것이 아니라 인내심이 뛰어난 사람이 돈을 버는 곳입니다. 좀 더 자세히 말하면 마음이 급한 사람의 돈을 인내심이 강한 사람이 가져간다고 하면 맞는 표현인 듯합니다.

실화를 하나 소개해드리겠습니다. 10여 년 전에 워런 버핏이 월스트리트의 햇지 펀드 매니저들을 가리켜 고객에게 받는 비싼 수수료 값도 못 하는 무능한 사람들이라 했습니다. 그리고 내기를 했습니다. 아이비리그 출신 중 뛰어난 햇지 펀드 매니저들이 모여서 상위 10개 펀드의 평균 수익률과 워런 버핏이 S&P500에 투자하고 10년 동안 아무것도 안 하고 가만히 있는 것 중 누가 더 큰 수익률을 기록하는지를 내기해서 지는 쪽이 이기는 쪽이 지정한 곳에 100만 달러를 기부하자는 내용이었습니다. 10년 후 결과가 어떻게 되었을까요? 비교도 안 될 만큼 압도적으로 워런 버핏이 승리했습니다. 아이비리그 출신들 펀드 매니저들은 최선을 다해 투자했지만, 아무것도 안 하고 기다리기만 했던 버핏의 S&P500을 이기지 못했습니다.

이처럼 주식 시장은 단기 매매를 통해 스스로 똑똑하다고 생각하는 사람의 돈을 인내심이 강한 사람이 가져가는 게임입니다. 그리고 경제 지식이 많은 사람이 무조건적으로 유리하지도 않습니다. 물론 기본은 알아야 합니다. 기사를 읽었을 때 이게 무슨 말인지는 당연히 알아야죠. 하지만 경제 지식이 많다고만 해서 그것이 곧바로 수익으로 이어지는 것은 아닙니다.

그런 논리로만 따진다면 서울대학교 경제학과 교수가 한국에서 가장 투자를 잘하는 사람이 되고 큰 부자가 되어야겠죠.

몇 년 전 버크셔 해서웨이 주주 총회에서 어떤 학자가 질문을 했습니다. 기업의 내재 가치를 결정하는 수학적 원리를 가상의 데이터를 사용해서 수리적으로 풀어달라고 제시하며 엄청 복잡하고 어려운 질문을 했습니다. 아직도 이 질문이 도대체 무슨 말인지 이해하지 못하는 분들도 계실 겁니다. 그때, 버크셔 해서웨이의 부회장인 찰리 멍거는 그 질문에 대한 대답을 이렇게 했습니다.

"공식이 필요하면 다니던 경영대학원으로 돌아가세요. 거기에 가면 쓸데없는 공식들을 듬뿍 안겨줄 겁니다."

찰리 멍거가 했던 말이 정확한 말입니다. 버크셔 해서웨이는 주주들의 이익 증대를 위해 기업의 가치를 잘 분석해서 좋은 기업들을 좋은 가격에 인수한 후 최대한 많은 이익을 만드는 기업이지, 복잡한 이론을 공부해서 알고 설명하고 실전에 대입하는 기관이 아닙니다.

이 글을 읽는 독자분들도 주식에 대해 아는 게 없어서, 경제 지식이 없어서, 인맥이 없어서, 주식 정보를 얻지 못해서, 난 주식투자를 못 한다고 생각해서 포기하지 마시길 바랍니다.

시장에
거품이 생기는 이유

주식 시장에는 거품이 생깁니다. 자산의 가치에 거품이 생기고 반대로 자산의 가치를 제대로 인정받지 못하는 경우도 생깁니다. 시장은 항상 이런 일이 반복됩니다. 역사는 똑같이 반복되지 않지만 반복되는 패턴은 비슷합니다. 주식 시장도 그렇습니다. 과거와 똑같은 일이 일어나지는 않지만 같은 패턴의 사건은 반복적으로 일어납니다. 그리고 그때마다 사람들이 하는 행동은 변하지 않습니다.

세상은 농경 사회부터 아이폰을 쓰는 현재 시점까지 많은 발전과 성장을 했습니다. 하지만 사람은 변하지 않았습니다. 100년 전에도, 50년 전에도, 30년 전에도, 10년 전에도 그리고 지금도 사람은 변하지 않고 항상 같은 모습을 보여주고 있습니다. 사람들은 주식 시장이 과열될 때 항상 하는 말이 있습니다. "이번엔 다르다."입니다. 하지만 다른 적은 없었습니다. 자산 가치의 버블이 생기면 항상 버블이 터졌고 많은 사람이 헐값에, 자산을 아주 저렴한 가격에 매각합니다.

 그 자산을 현명한 투자자들이 저렴한 가격에 매수합니다. 그리고 자산의 가격이 회복되고 다시 거품이 쌓이기 시작하면 저렴한 가격에 팔았던 사람들이 다시 비싼 가격에 삽니다. 그리고 다시 폭락해서 저렴한 가격에 매각합니다. 가장 최근에 있었던 버블은 2007년, 2008년에 중국에서 있었습니다. 당시 중국은 높은 경제 성장을 했는데 주식 시장에 거품이 쌓였습니다. 그런데 이번엔 다르다고 했습니다. 그 이유는 중국의 중산층이 지갑을 열기 시작했다고 하는 기사가 나와서입니다. 엄청나게 많은 인구를 자랑하는 중국의 중산층은 한국 전체 인구보다도 많습니다. 그 사람들이 지갑을 열기 시작했으니 소비가 폭발적으로 상승할 것이고 시장은 과열됩니다. 그때마다 증권가에서 하는 말은 "지금은 밸류에이션을 볼 때가 아니다."입니다.

 솔직히 이런 말이 증권가에서 나온다면, 조만간 주식 시장에 대재앙이 닥친다는 신호로 받아들이면 될 듯합니다. "폭락 없는 폭등은 있어도 폭등 없는 폭락은 없다."는 말이 있습니다. 지금은 밸류에이션을 볼 때가 아니라는 말은 매우 두렵고 무서운 말입니다. 사람들은 "조금 더!", "조금만 더!" 이렇게 외치며 시장의 과열을 즐깁니다. 더 먹고 싶은 사람들의 욕심이 시장을 비정상적으로 과열시킵니다. 그리고 그 과열은 어김없이 거품을 만듭니다.

종목 선정이 어렵다면
ETF로

 주식 투자할 때 가장 어려운 두 가지가 있습니다. 첫 번째는 종목 선정이고 두 번째는 그 주식을 얼마에 사야 할지 가격을 정하는 것입니다.

저도 항상 이 두 가지가 어려운 부분이었는데 개인적으로는 종목 선정보다는 매수하는 가격이 가장 어렵습니다. 워런 버핏도 토크쇼에 출연해 이런 비슷한 말을 남겼습니다. 어떤 회사가 앞으로도 성장할 것이라는 믿음은 생겼는데, 문제는 얼마에 사야 할지 고민이라는 것이었죠. 즉, 주식의 대가도 적정 가격과 종목 선정을 한번에 판단하기 어렵다는 것입니다.

저는 이를 우회해서 종목 선정과 가격에 대한 고민을 한번에 해결할 수 있는 방법을 알려드리고자 합니다. 주식 투자의 필요성도 이제 충분히 느꼈고 삶에서 종잣돈이 모이는 방법도 잘 알겠고 이제 시작해 보려 하는데 종목 선정부터 어렵다면, ETF(인덱스 펀드)⁴⁾를 추천해 드립니다.

ETF를 모르는 분들도 많을 거라 생각합니다. 어려운 용어는 빼고 최대한 쉽게 설명하겠습니다. 여러분이 은행에서 증권사에서 가입하는 펀드와 비슷한데 은행에서 증권사 지점에서 펀드를 가입하시면 앞서 말씀드린 대로 수수료가 많이 발생해서 장기적으로 큰 수익 창출이 어렵습니다. 그래서 수수료를 줄이기 위해 펀드를 주식처럼 주식 시장에 상장 시켜 누구나 쉽게 사고팔 수 있도록 해놓은 것입니다.

ETF의 종류에는 금, 보석, 원자재, 곡물, 주식, 채권, 가축 등 수 많은 기초자산을 기반으로 상장 펀드가 있습니다. 어떤 분은 주식으로 크게 먹어야지 그런 걸로 무슨 큰돈을 벌겠냐고 하시는

---

4)   ETF(Exchange Traded Fund)는 말 그대로 인덱스 펀드를 거래소에 상장 시켜 투자자들이 주식처럼 편리하게 거래할 수 있도록 만든 상품이다. 투자자들이 개별 주식을 고르는 데 수고를 하지 않아도 되는 펀드 투자의 장점과 언제든지 시장에서 원하는 가격에 매매할 수 있는 주식 투자의 장점을 모두 가지고 있는 상품으로 인덱스 펀드와 주식을 합쳐놓은 것이라고 생각하면 된다. 최근에는 시장 지수를 추종하는 ETF 외에도 배당주나 거치주 등 다양한 스타일을 추종하는 ETF들이 상장되어 인기를 얻고 있다. ※ 인덱스 펀드: 일반 주식형 펀드와 달리 KOSPI 200과 같은 시장 지수의 수익률을 그대로 쫓아가도록 구성한 펀드.

분이 분명히 계십니다. 워런 버핏도 종목 선정과 기업 분석을 잘하는 사람이 인덱스 펀드에 투자하는 것은 어리석은 일이라고 했습니다. 하지만 모든 사람이 기업 분석을 잘할 수는 없는 것이고 그런 사람들에게 ETF는 매우 좋은 대안이라는 이야기를 남겼습니다. 심지어 내가 죽으면 내 재산을 ETF에 투자하길 원한다고까지 이야기했습니다.

미국 S&P500에 투자하면 10년, 20년 후 내 돈이 얼마가 되어 있을까요? 구글에서 S&P500 지수를 검색해 보시면 30년 전부터 현재까지의 차트가 나옵니다.

할 말을 잃을 정도로 꾸준히 우상향하는 모습을 보실 수 있습니다. 어떤 분들은 과거에는 성장했지만 이미 많이 상승해서 앞으로 하락해서 손해나면 어쩌냐고 반대를 하는 분들도 분명히 계십니다. 앞서 설명해 드렸듯이 자본주의 역사는 성장의 역사입니다. 굳이 지난 30년간의 굵직굵직한 사건들을 열거하지 않더라도 결국은 역사는 진보했습니다. 주식 시장 역시 마찬가지였습니다. S&P500은 끊임없이 성장하는 기업들을 대상으로 하고 있습니다. 과거에는 성장했지만 이미 많이 성장해서 앞으로는 성장하기 어렵다고 말씀하시는 분도 계실 겁니다. 그런데, 30년 전 삼성전자가 1주당 가격이 5만 원이었을 때도 사람들은 더 이상 주식이 오를 수 없다고 했습니다. 그리고 100만 원이 되었을 때는 미쳤다고 했죠. 지금은 액면 분할이 되어서 주당 가격이 낮아졌지만, 과거의 기준으로 주가를 계산해 보면 삼성전자는 1주당 300만 원입니다. 반복해서 말씀드리지만, 자본주의의 역사는 성장의 역사입니다.

종목 선정에 어려움이 있으시거나 자신이 없으신 분들은 생각과 고민할 필요 없이 뱅가드의 창업자 존 보글5) 회장이 걷기 쉬운 길을 닦아놓았으니 그 길을 걷길 바랍니다.

---

5) 뱅가드 그룹 창업자로, 기관이 아닌 개인 투자자를 위한 인덱스 펀드를 시장에 도입해 '인덱스 펀드의 아버지'라고 불린 인물이다. 보글은 1929년 미국 뉴저지 몬트클레어에서 태어났으며 프린스턴대 경제학과를 졸업했다. 이후 웰링턴 매니지먼트에서 일하다 퇴사하고 1974년에 뱅가드를 설립했으며, 1975년에는 인덱스 펀드를 개발해 선보였다. 보글의 업적에 대해 노벨 경제학상 수상자인 폴 새뮤얼슨 교수는 "보글의 인덱스 펀드 개발이 바퀴와 알파벳 발명만큼의 가치가 있다."라고 말했으며, 투자의 귀재 워런 버핏 버크셔 해서웨이 회장은 "미국 투자자들을 위해 가장 많은 업적을 이룬 사람을 동상으로 세워야 한다면 그것은 보글이어야 한나."라고 말한 바 있다

ETF,
한 발짝 더 다가서기

S&P500의 지난 40년간의 수익률을 살펴보면, 1980년 2월 기준 115.04였던 S&P500 지수가 40년이 지난 지금은 3,380까지 상승했습니다. 무려 40년 동안 30배가 상승한 것입니다. 복리로 계산하면 연평균 성장률 8~9%입니다. 40년 누적 수익률을 연 단위로 쪼개서 계산하면 대략 연 70% 정도 상승했다고 볼 수 있고, 이는 비트코인이 소위 '떡상'할 때쯤의 수익률입니다.

그럼에도 불구하고 많은 사람은 주식을 사지, S&P500에는 잘 투자하지 않습니다. 그 이유는 크게 두 가지입니다. 첫 번째는 연 8~9%의 수익률을 너무 낮고 하찮게 여깁니다. 주식을 하는데 고작 연 8% 먹으려고 하냐고 되묻는 것입니다. 여기서 중요한 것은 8%의 수익에 집중하는 것이 아니라 소위 말하는 8%를 '먹는다'는 표현으로 쓴다는 것입니다. 주식을 하면 최소 2~3배는 먹어야지, 8% 먹을 거면 뭐하러 주식을 하느냐고 반문하는 사람들이 굉장히 많습니다. 이 책에서 꾸준히 설명해 드리고 있지만, 저는 일확천금의 접근 방식으로 주식을 바라보고 있지 않습니다. 5% 의 수익을 얻기 위해 하나은행으로 몰려간 사람들과 같은 일반 대중을 위해 이 책을 쓰고 있습니다.

두 번째 이유는 단기간의 변동성입니다. 40년의 긴 시간을 차트로 보면 꾸준히 '우상향'했지만, 큰 차트를 가까이 확대해 짧은 기간으로 나누어 보다 보면 분명 등락이 있습니다. 단기간의 낙폭에 크게 겁을 먹거나 불안해합니다. 주식을 하는 사람들의 대다수는 이 단기적인 것에 흔들릴 수밖에 없습니다. 하지만 단기간의 하락과 상승 추세, 이 모두를 맞추기란 확률적으로 거의 불가능합니다. 따라서 단기간 변동을 참지 못하고 S&P500에 투자하지 않는 것입니다.

하지만, 인내를 가지고 꼼꼼히 들여다볼 필요가 있습니다. S&P500에는 대형주 위주의 실적이 꾸준히 입증된 기업들만 선별해서 묶어놓았습니다. 그리고 기존에 편입된 기업 중 실적이 악화되거나 미래 전망이 안 좋거나 과거에는 좋았지만, 현재는 좋지 않은 기업은 가차 없이 교체됩니다. 그 교체 작업을 사람의 주관에 따라서 하는 것이 아니라 체계적인 프로그래밍을 통해 거르기 때문에 사람의 실수가 개입될 수 없습니다. 즉, 합리적이며 객관적이라는 겁니다.

보통은 여러분이 직접 실적이 좋은 대형주를 중심으로 포트폴리오를 구성해서 투자해야 하는데, 이걸 S&P500이 대신해 줍니다. 그 불특정한 분석에 투자할 시간에 여러분은 생업에 몰두할 수 있습니다. 더 좋은 것은 펀드 운용 비용이 거의 없다는 점입니다.

2019년을 기준으로 S&P500의 수익률은 17.02%입니다. 전 세계를 선도하는 미국의 대표 기업들과 비교해도 손색이 없을 만큼 높은 수익률을 보입니다. 동기간, 아마존은 이보다 근소하게 높은 18.26%, 구글은 그보다 낮은 13.94%, 넷플릭스는 9.75%를 기록했습니다.

여러분이 아마존의 미래와 가치 평가, 구글과 넷플릭스 등의 우량 기업에 오랫동안 고민하고 투자할 여력이 없다면 S&P500에 투자하라고 권하고 싶습니다. 종목을 추천한다는 것이 매우 조심스럽지만, 저는 객관적 지표를 믿습니다. 지난 시간 동안 S&P500이 선정한 기업들의 상승세와 지난 40년간의 상승 곡선을 믿을 수밖에 없습니다. 결정적으로, 주식에 문외한이더라도, 아무것도 모르는 사람이더라도 유능한 펀드 매니저 부럽지 않은 투자라고 자신합니다.

다시 말씀드리지만, 직접 종목을 선택하고 주식 투자를 해서 시장 수익을 초과할 자신이 있다면 S&P500은 필요 없을지도 모릅니다. 하지만 좋은 기업을 찾아낼 자신이 없고 시간적 여유가 부족한 사람들에게는 S&P500만 한 것이 없습니다. 심지어 워런 버핏도 내가 죽으면 S&P500에 투자해 달라고 했던 적이 있습니다.

S&P500의 지난 40년간 연평균 수익률이 8~9%였다고 말씀드렸습니다. 이걸 조금 더 높일 수 있는 방법이 있습니다.

첫 번째 방법은 종잣돈을 잘 모아서 전 세계가 공포와 충격에 빠져서 주가가 폭락했을 때 시작하는 겁니다. 예를 들면 리먼 브라더스가 파산했던 시기(2008년), 유럽 재정 위기(2012년) 등 이런 시점을 놓치지 않고 낮은 가격에서 시작하면 수익률을 더 높일 수 있습니다. 위기 때 투자하는 것이 오히려 기회가 될 수 있습니다. 2020년 초 기준으로 현재 10년 이상 오랜 기간 강세장이 이어졌기 때문에 머지않은 미래에 다시 한번 경제 위기가 올 가능성이 커 보입니다. 그때 주저하지 말고 S&P500 지수가 많이 하락했을 때 시작하시면 수익률을 좀 더 높일 수 있습니다.

두 번째 방법은 경제 위기 수준은 아니지만, 중간 정도의 충격은 평균 2년에서 3년마다 반복해서 찾아옵니다. 그 시기를 놓치지 말고 투자한다면 수익률은 상당히 올라갈 것입니다. 그런데 이때 말처럼 쉽지 않은 것이 있습니다. 바로 심리적인 문제입니다. 전 세계 증시가 출렁이는 시기에는 뉴스, 신문, 각종 미디어에서 어려운 시국에 대해 연일 떠들어 대고 그들이 원했든, 원하지 않았든 공포감이 쉽게 조성됩니다. 장담하건대 사람들이 공포에 질리고 공포가 강하면 강할수록 자산의 안정성은 수직으로 상승하고 그때 자산을 매입하시면 여러분의 미래 수익률은 극대화될 가능성이 큽니다. 이유는 자산의 가격이 원래 가치보다 하락했기 때문입니다.

여기서 누군가는 이런 의심을 할 수도 있습니다. '이미 저렇게 많이 올랐기 때문에 앞으로 상승해 봐야 과거 40년 동안 오른 것처럼은 상승하지 못할 거야.' 충분히 설득력 있는 의심입니다. 다시 원점으로 돌아가서 설명해 드리겠습니다. 이 챕터의 주요 소재는 S&P500입니다. 조금만 위로 거슬러 올라가면, S&P500은 언제든 부실기업은 사라지고, 새로운 기업이 등장할 수 있다고 서술되어 있습니다. 바로 그것이 포인트입니다. 성장하지 못할 수도 있다는 것은 한 기업에게는 해당할 수 있으나 성장 가치가 충분히 열려있는 S&P500 집단에게는 해당하지 않는 말입니다.

자산을 사기 가장 좋은 시기는 10년 전이고, 그다음으로 좋은 시기는 지금입니다. 그래도 상대적으로 낮은 수익률을 보이는 S&P500에는 투자하기 꺼려진다고요? 다시금 강조하고 싶습니다. 적어도 이 책에서의 주식은 단기, 일확천금이 아닌 장기적인 안정 투자에 초점을 맞추고 있습니다.

5%

주식을 한다는 것은 수익과 손실을 모두 감수하는 과정입니다. 여기서 수익은 끝도 없이 오를 가능성이 있습니다. 그리고 실제 수익률은 한도가 없습니다. 다만, 반대의 경우엔 한도가 있습니다. 손실입니다. 손실은 마이너스 통장이 아닙니다. 여러분이 100만 원을 투자하셨다면 아무리 손실을 보더라도 100만 원을 넘어설 수 없습니다. 애초에 101만 원의 손실이 날 수 없는 구조입니다.

리스크 관리가 필요합니다. 수익이 오르는 것을 리스크라 할 수 없기에 결국 주식에서의 리스크 관리는 손실 부분만을 뜻합니다. 예를 들어, 현금 1억 원의 종잣돈을 가지고 있다면 어떤 사람은 1억 원을 한 종목에 '몰빵' 투자할 것입니다. 보유량이 많기 때문에 초기 기대 수익도 높을 겁니다. 하지만 반대로 최대 1억 원의 손실도 감수해야 합니다.

1억 원을 쪼개서 투자한다면 손실의 리스크를 줄일 수 있습니다. 5천만 원씩 둘로 투자한다면 2개 중에 하나를 손실 보더라도 하나는 수익을 기대할 수 있습니다. 1억 원을 20개로 쪼개어 500만 원씩 투자한다면 당장의 기대 수익은 낮아지겠지만 원래 보유하고 있던 원금 방어는 훨씬 더 용이할 것입니다. 물론 워런 버핏은 집중 투자를 권하고 있습니다만, 이 세상에 한 명 정도 성공할 수 있는 부분을 모든 사람에게 적용하기는 어렵습니다. 그래서 저는 저만의 투자 원칙을 세웠습니다.

바로 5%입니다.

저는 한 종목당 전체 자본금의 최대 5% 정도만을 투자합니다. 1억 원을 제 전체 자본금이라고 본다면, 전 절대 한 종목에 500만 원 이상 투자하지 않습니다. 달걀을 한 바구니에 담지 않으려는 노력으로 보시면 됩니다.

'몰빵' 투자를 한다면 기대 수익이 높습니다. 관리하기도 편합니다. 하지만, 전 그런 투자를 위해 이 책을 쓴 것이 아닙니다. 이 책은 당장의 수익이 크지 않더라도 철저히 장기 투자를 목표로, 안정석 두자를 위해서 썼습니다.

하나은행 적금과 같이 적어도 1년은 묻어두고 꾸준히 관리한다는 입장으로 가야 안정적인 수익을 기대할 수 있습니다. 여러분, 주식은 일확천금의 대상이 아닙니다. 로또의 성격으로 다가오시면 안 됩니다. 적금보다 안정적이며 기대 수익은 훨씬 더 높은 존재로 인식하셔야 합니다. 그래야만 여러분의 본업이 있더라도 주식을 따로 관리할 수 있습니다.

총 자본금의 5%만 투자한다고 마음의 원칙을 세우고 나면, 투자는 한결 쉬워집니다. 안전 마진을 스스로 구분해 내고, 저렴한 가격에 매수해서 산업별 그리고 섹터별로 촘촘히 분산하고 장기 투자합니다. 이렇게 할 경우, 투자 손실을 발생시키는 것이 오히려 더 어려워집니다.

조금만 더 들어가 보겠습니다. 여기서 분산한다는 것은 분산 투자를 뜻합니다. 하지만, 단순히 종목만을 나누는 것을 분산 투자라고 부르지는 않습니다. 예를 들어, 삼성전자, SK 하이닉스, 인텔, 퀄컴(Qualcomm), TSMC(Taiwan Semiconductor Manufacturing Company, Limited, 대만 소재의 세계 최대 파운드리 회사), 칭화유니(清華紫光, 중국 국영 반도체 기업)에 내 자본금을 5%씩 나누어 투자한다면 누군가에겐 분산 투자로 보일 수 있습니다. 하지만, 그건 분산 투자가 아닙니다. 사실상 이건 한 섹터에 '몰빵'한 투자나 다름없습니다. 이유는 앞에 열거한 회사들은 모두 반도체 관련 회사로서 반도체 경기에 따라 함께 등락의 길을 걸을 것이 뻔하기 때문입니다.

　제가 말씀드리는 분산 투자라는 것은, 예를 들면 현대 자동차, 삼성전자, 셀트리온, 이마트, CJ 대한통운, 호텔 신라, 엔씨소프트, 아모레 퍼시픽, 우리은행, 삼성카드, 네이버, 에쓰오일 등 이런 식으로 전혀 다른 산업에 나누어서 투자하는 것을 뜻합니다. 한 방에 돈을 몰아넣어야 더 편하고 기대 수익도 높다고 강변하는 분들도 계실 겁니다. 하지만, 제 투자 원칙은 그것이 아닙니다. 안정적이고 장기적인 투자가 첫 번째 모토입니다.

　구약성경 잠언 28장에는 이런 구절이 있습니다.

　"급히 부자가 되려 하는 자는 악한 눈을 가졌으므로 궁핍이 자기 위에 임할 줄을 깊이 생각하지 아니하느니라"

　이 말은 빨리 부자가 되려는 욕심은 누구나 가지고 있다는 뜻이겠죠. 인간의 본성일지도 모릅니다. 하지만 투자의 세계에서 실패하지 않고 좋은 열매를 얻으려면 인간의 본성을 거슬러야 합니다. 그것이 대단히 어렵고 외로운 자신과의 싸움이라는 것을 투자의 현인들은 경험을 통해 잘 알고 있습니다. 이것을 정확히 알고 깨달은 사람은 실패 없이 아름다운 열매를 맛볼 수 있을 겁니다.

워런 버핏의 말도 인용해 보겠습니다.

"주식 투자는 성격이 급한 사람의 돈을 성격이 느긋한 사람이 가져가는 게임이다."

5%와 서로 다른 산업의 종목별 투자. 여기서도 중요한 전제 조건은 안전 마진입니다. 쌀 때 사는 겁니다. 이건 몇 번을 강조해도 지나치지 않습니다.

투자의 시기와
투자의 상황

기업의 현재 가치가 주식 기준으로 비싼 것인지, 싼 것인지 구분해내기 쉽지 않습니다. 많은 경제학자가 이것을 정형화시키려고 노력했습니다. 그중에서 워런 버핏의 스승으로 알려진 벤저민 그레이엄(Benjamin Graham, 1894~1976) 교수가 『증권분석』이라는 책을 통해 공개한 것이 가장 인정받고 있습니다. 그러나 책이 출간될 당시는 거의 모든 산업이 제조업에 기반을 두고 있던 상황이라 현재의 상황과는 맞지 않습니다. 따라서 이마저도 완벽한 방법이라고 볼 수는 없습니다. 실제로 워런 버핏 회장도 몇 년 전 아마존, 구글의 가치를 잘못 판단했었다고 고백했습니다.

워런 버핏도 판단을 잘못했다고 이야기할 수 있는 곳이 바로 주식 시장입니다. 따라서 주식에 대한 가치 평가는 정형화된 것이 없고, 있을 수도 없습니다. 누군가가 차트를 통해, 지표를 통해 '확실한' 방법이 있다고 자신한다면, 일단 한 번쯤 의심해 보서야 합니다. 그렇다면 어떻게 기준을 세우면 좋을까요? 일단 제 기준을 공개해 여러분의 판단에 도움을 드리고자 합니다.

첫째, 무엇보다도 중요한 것은 직접 확인해야 한다는 것입니다. 저는 감히 애널리스트들의 보고서는 보지 말라고 권하고 싶습니다. 책상 앞에 편히 앉아서 보고서를 읽으며 내 종잣돈을 투자할 기업을 선정한다는 것은 바람직하지 않다고 생각됩니다.

투자는 내 철학과 정성이 들어가야 합니다. 직접 발로 뛰고 만져 보고 겪어 보고 경험해 보는 사람이 애널리스트 보고서만 보고 투자하는 사람보다 성공 확률이 높습니다. 주가는 일시적으로 떨어질 수도 있고 올라갈 수도 있습니다. 적어도 나의 고민이 반영된 종목이라면 단기간의 하락에는 쉽게 흔들리지 않을 수 있습니다. 이는 비단 주식뿐만 아니라 부동산도 마찬가지입니다. 부동산을 잘하는 사람도 책과 인터넷이 아니라 운동화를 신고 직접 발품을 팔아서 꼼꼼히 따지고 분석합니다. 종목을 택하고 직접 발로 뛴다는 것은 그 종목에 대한 정보를 포털 사이트에서 검색해 보고 뉴스 기사를 몇 개 살펴보는 것 이상입니다. 이렇게 이야기하면 거창해 보일 수도 있으나 실은 별것 아닙니다. 애플에 투자하기 전에 아이폰 매장에 직접 들러서 아이폰을 직접 만져 보고 주변 친구들과 갤럭시를 비교해 보는 것부터가 시작입니다. 그리고 왜 사람들이 아이폰을 구매하는지 등을 조금만 더 살펴보는 것입니다. 스타벅스 주가를 사기 전에 다른 카페와 비교해보고 직접 매장에 가 보는 것 등이 바로 기초적인 정성입니다.

두 번째는 현재 시장이 유동성 장세(流動性 場勢)[6]인지, 실적 장세(實積 場勢)[7]인지 판단해야 합니다. 실적 장세에서는 금리가 오르면 주가가 오르고 금리가 하락하면 주가가 하락합니다. 반대로 유동성 장세에서는 금리가 오르면 주식이 내려가고 금리가 내려가면 주식이 올라갑니다.

이를 구분하는 가장 쉬운 방법은 기업의 실적에 따라 주가가 움직인다면 실적 장세라 보면 되는 것입니다. 결국 이건 시장이 매우 건전하고 실제로 경기가 좋다는 반증입니다. 유동성 장세에서는 기업 가치를 객관적으로 평가할 방법은 없습니다. 유동성 장세는 말 그대로 중앙은행에서 돈을 풀어서 이미 대부분의 자산에 거품이 쌓여 있기 때문에 단순히 그 기업에 대한 가치를 논하

---

[6] 기업의 실적과 무관하게 중앙은행에서 돈을 풀어서 자산에 거품이 쌓이는 시장.
[7] 기업이 돈을 얼마만큼 벌었는지 발표하는 것을 기준으로 주가가 움직이는 시장.

기 어렵습니다. 돈을 찍어서 시중에 풀면 돈의 가치는 하락할 수밖에 없고, 거의 모든 자산은 상승합니다. 따라서 유동성 장세에서 함부로 기업의 가치를 논하는 건 위험합니다.

다시 실적 장세를 이야기해 보겠습니다. 실적 장세에서 중요한 건, 기업의 실적과 악재를 잘 읽어야 한다는 것입니다. 악재는 일반 악재와 구조적 악재가 있는데 악재가 터져서 주가가 하락할 때 이것이 단순히 주가가 하락하는 것인지, 기업의 가치 전체가 훼손되는 것인지 정확히 판단해야 합니다. 하지만 안타깝게도 악재를 일반 악재와 구조적 악재로 정확히 구분 지어 판단하는 기준은 없습니다. 상황마다 논리가 달라지며, 개인적으로 판단해야만 합니다.

실적 장세에선 잘 성장하던 기업도 악재를 만날 경우가 있습니다. 예를 들어, 최근 대한민국뿐만 아니라 전 세계를 휩쓸고 있는 코로나바이러스 사태입니다. 대부분 하락을 거듭하고 있습니다. 생각해 봅시다. 코로나바이러스가 영원할까요? 아니면 시간이 걸리더라도 극복할까요? 저는 감히 극복할 수 있는 위기라고 생각합니다. 하지만, 지표로만 본다면 어떤 기업이든 이러한 상황에서는 고전을 면치 못하고 있습니다. 따라서 이러한 악재와 이러한 상황에서 하락 국면으로 이어지는 기업을 섣불리 판단하지 않는 것이 중요합니다.

여기서 말하는 섣불리 판단하지 않아야 하는 이유가 하나 더 있습니다. 아무리 코로나가 극복할 수 있는 바이러스라 하더라도 무조건적으로 반짝하는 악재가 아닐 수도 있습니다. 어떤 산업이나에 따라서 구조적 악재로 작용할 수도 있습니다. 이미 전 세계의 학자들은 코로나바이러스와 같은 바이러스가 매년 찾아올 수가 있고, 글로벌 개방화 시대에서 다시 국경에 담을 쌓고 왕래가 줄어드는 시기로 회귀할 수도 있다고 조심스레 말하고 있습니다. 극복할 수 있는 문제와는 또 다른 시대가 열리는 것입니다. 이 부분은 코로나바이러스가 소강상태로 접어들고 다시금 내년이 찾아왔을 때나 확인할 수 있는 부분입니다.

반대로, 확실하게 지나갈 악재라면 최대한 싼 가격으로 떨어졌을 때 구매하는 것이 좋습니다. 저가 매수는 몇 번을 강조해도 지나치지 않는 기본 원칙입니다. 하지만, 지속될 악재라면 아무리 평소보다 싸더라도 구매하지 않는 것이 좋습니다. 여기서 지나갈 악재와 지속될 악재를 구분하는 저만의 기준을 말씀드리겠습니다.

그 산업이 대체될 수 있는 상황인지 살펴보면 됩니다. 예를 들어, 원유입니다. 학창 시절, 석유에는 중동의 두바이유, 텍사스유, 북해산 브렌트유 등이 있다고 배운 것이 기억날 겁니다. 보통 이런 원유는 지역으로 구분되듯이 특정 지역에 가야만 얻을 수 있습니다. 미국이 일으킨 중동 전쟁 대부분이 사실은 원유를 탈취하기 위한 작업이라는 이야기도 많이 들어보셨을 겁니다. 실제로 그 이야기가 완전히 틀렸다고 보긴 어렵습니다. 당장, 조지 W 부시 대통령 때 있었던 이라크전도 아무런 명분도 없이 끝나 미국 내 여론뿐만 아니라, 전 세계의 비판을 받고 있으니까요.

미국은 그동안 자국의 텍사스유는 아껴두면서 중동의 석유를 탐냈습니다. 그런데 최근 이런 원유, 특히 석유 일변도의 에너지 시대를 뒤흔들 만한 자원이 미국에서 생산되고 있습니다. 다들 들어보셨을 겁니다. 바로 셰일 가스(shale gas)입니다.

자, 셰일 가스를 떠올리면 어떤 느낌이 드시나요?
석유 산업의 패러다임이 바뀌었습니다. 기존의 정유 회사, 정확히 표현하면 '경쟁력 없는' 도태된 기업은 잠시 가격이 하락한다고 해서 다시 반등할 수 있을까요? 아니요. 전 단연코 없다고 봅니다. 하지만, 경쟁력 있는 기업, 셰일 가스를 꾸준히 공급할 수 있는 기업은 어떨까요? 어쩌면 지금이 가장 싼 가격일지도 모릅니다. 앞으로 우리가 살아왔던 석유 일변도의 사회를 바꾸어 버릴 수도 있으니까요.

이렇게 석유가 셰일 가스로 '대체'될 수 있는 상황에서 특정 기업의 주식, 그러니까 꾸준히 하락할 수밖에 없는 위험에 노출된 기업의 가치는 잠시 하락한 것이 아닙니다. 앞으로도 반등할 가능성이 거의 없습니다. 구조적인 악재입니다. 정유·화학 업종에서 이건 돌이킬 수 없는 악재이자, 내리막길입니다. 이렇게 심도 있게 구분하지 않고 '석유 없이 못 살아.'라는 생각으로 단순히 정유·화학 기업의 주식을 평소보다 저렴하다고 해서 무턱대고 매입하면 굉장히 위험합니다. 이 책에서는 끊임없이 높은 가치에 관해 이야기하고, 가치 있는 투자에 관해서만 이야기하겠습니다.

따라서 악재가 터졌을 때, 일반 악재인지, 구조적 악재인지 더 신중하고 꼼꼼하게 생각하고 판단해야만 합니다. 잘 모르시는 분들이 가치 투자를 주가가 쌀 때 사기만 하면 된다고 오해합니다. 주가가 왜 하락했는지에 대한 근원적인 질문이 가장 중요합니다. 메르스와 코로나바이러스, 유럽 재정 위기, 북한 미사일 문제, 대통령 탄핵 등 이런 깃들은 일반 악재일까요, 아니면 구조적 악재일까요? 앞서 언급했듯이 상황마다 다르고 무 자르듯이 구분할 수 없기 때문에 정답이 없습니다. 일반 악재라 판단했지만, 그것이 장기간 지속되어 구조적 악재로 변할 수도 있습니다. 우리가 정확히 알 수 없다는 것을 인정해야 합니다.

회색 코뿔소를 생각해 봅시다. 저 멀리서 회색 동물이 달려올 때 저 동물이 내 애완견이면 다행이지만, 회색 코뿔소면 저는 죽는 겁니다. 가까이 가 보지 않고서는 알 방법이 없죠. 주식도 마찬가지입니다. 완벽하게 내게 다가오기 전까지는 알 수 없습니다. 일반 악재로 내 눈앞에서 확인했더라도 이것이 만약 1년, 2년 이상 장기간 기업 실적에 영향을 준다면 구조적 악재로 변할 수도 있습니다. 이럴 경우, 주가가 하락해서 싼 줄 알고 샀는데 그 가격이 고점이 되어 버리는 경우가 생길 수도 있으니 반드시 자산을 분산해서 투자해야 합니다.

저는 셰일 가스의 성공은 지속되리라고 봅니다. 하지만 이마저도 두려운 사람들이 있을 겁니다. 그분께는 조심스레 해당 기업의 가치 평가를 적어도 5년 정도 지켜보시라고 권하고 싶습니다. 그 정도의 시간을 거치고도 시장에 살아남아 있다면 충분히 경쟁력 있는 회사입니다. 하지만, 그 시간이 너무 길다면 해당 기업에 대해 평가하는 두 가지 방법을 따로 알려드리겠습니다.

첫째는 시장 점유율이고 두 번째는 브랜드 파워입니다. 먼저 시장 점유율입니다. 오랜 시간 동안 시장 점유율이 하락하지 않는 기업이 조금 더 안정적입니다. 다만 이때는 전제 조건이 있습니다. 구조적 악재로 경기가 최악일 때도 해당 기업의 시장 점유율이 변함없는 것을 확인해야만 합니다. 어떠한 상황이라도, 그러니까 더 구체적으로 해당 산업 전체가 영향을 받더라도 시장 점유율이 높은 기업, 흔히 말하는 대장주가 안정적입니다.

두 번째는 강한 브랜드입니다. 아이폰과 갤럭시의 품질과 기능의 차이가 있을까요? 물론 디테일하게 보면 있겠지만, 스마트폰이라는 본질을 두고 봤을 때 큰 차이가 있다고 말할 수 있을까요? 스타벅스의 커피 맛과 다른 커피 브랜드 맛의 차이가 클까요? 예민한 바리스타는 이를 구분 짓고 설명할 수 있겠지만 대부분은 차이를 느껴도 그것이 일상생활에 지장을 주진 않습니다. 그럼에도 불구하고 애플과 스타벅스가 다른 동종 회사보다 압도적인 지지를 받는 이유는 무엇일까요? 강한 브랜드이기 때문입니다. 고정 지지층이 많기 때문입니다.

강한 브랜드의 기준을 명확히 정립하기란 어렵지만, 제 개인적으로는 세속적으로 표현해서 "'자랑'할 수 있느냐, 없느냐?"입니다. 내가 이 브랜드의 제품을 샀을 때 남들에게 노출하고 알리고 싶고 자랑하고 싶어 하는 브랜드입니다. 이걸 쉽게 확인하는 방법은 인스타그램, 페이스북, 유튜브 등에서 얼마나 피드량이 높은지 살펴보면 금방 알 수 있습니다. SNS에 룰루레몬 레깅스를 입고 자랑하고 리뷰하는 사람들이 많고 루이뷔통 브랜드가 자주 보이고 스타벅스가 자주 보이면 강한 브랜드라고 생각해도 좋습니다. 이렇게 강한 브랜드의 시장 점유율을 타사가 뺏어 오는 것은 대단히 어렵습니다. 그래서 이런 강한 브랜드의 기업이 어떠한 악재로 인해서 주가가 하락한다면 이건 쌀 때 주식을 살 수 있는 절호의 기회입니다. 강한 브랜드의 기업의 주식을 경기가 최악일 때 산다면 그 사람은 훌륭한 투자자입니다. 물론 말처럼 쉽지는 않습니다.

이처럼 산업의 미래와 상황도 중요하지만, 그에 못지않게 정치도 중요합니다. 정치가 회사의 가치와 무슨 상관이냐고 바로 질문하는 분들이 계실 것 같아서 저도 곧바로 예시로 설명해드리겠습니다. 암젠(Amgen Inc.)[8]이라는 회사가 있습니다.

---

[8] 암젠(Amgen Inc.): 생물공학 및 약품 업체, 미국 기업, 나스닥 상장.

암젠은 연 매출 200억 달러 이상을 꾸준히 올리는 기업으로 세계 1위 바이오 기업입니다.

암젠은 이미 보유한 약 판매 수익으로 안정적인 현금 흐름이 이루어지지만, 신약 개발을 위해 현재 위치에 머물지 않고 지속해서 연구개발(R&D)에 들어가는 비용만 36억 달러가 넘는 기업입니다.

	매출액 (십억달러)	영업이익 (십억달러)	순이익 (십억달러)	EPS (달러)	증감률 (%)	EBITDA (십억달러)	PER (x)	EV/EBITDA (x)	PBR (x)	ROE (%)	DY (%)
2017	22.8	10.0	9.2	12.6	8.0	11.9	15.3	10.0	5.0	7.2	2.6
2018	23.7	10.3	8.6	14.4	14.5	12.2	15.0	10.4	9.8	44.5	2.7
2019F	22.8	10.9	8.8	14.4	(0.2)	12.5	14.2	10.5	9.2	62.7	2.8
2020F	24.5	11.6	9.3	15.6	8.8	13.0	13.0	10.1	8.1	68.9	3.0
2021F	25.0	12.1	9.8	16.9	8.0	13.7	12.1	9.6	6.5	52.6	3.3

▲ 암젠은 2018년 약 237억 달러의 매출을 올렸다. 출처=한국투자증권

일단, 기업을 평가해 볼까요? 길게 설명하지 않아도 매우 탄탄한 기업이라는 것을 충분히 알 수 있습니다. 본문 내용처럼 1980년에 설립되어 2020년까지 왔다는 것을 본다면, 앞서 말씀드린 최소 5년은 훌쩍 넘긴 기업이라는 것을 확인할 수 있습니다.

그런데 이런 암젠도 2019년에 단기적으로 타격을 받은 적이 있습니다. 2019년 미국 민주당 대선 주자로 나선 엘리자베스 워런(Elizabeth Warren)이 '메디케어 포 올(Medicare for All)'이라는 정책

을 내세웠습니다. 이는 소득과 연령을 불문하는 보편적 의료서비스입니다. 일종의 우리나라의 건강보험 같은 것입니다.

엘리자베스 워런이 만약 대통령이 된다면 제약 회사의 이익은 큰 폭으로 줄어들 가능성이 높습니다. 실제로 주식도 하락했습니다. 평소보다 가격이 떨어졌죠. 그렇다면 암젠의 가치도 떨어졌을까요? 지나갈 악재일까요, 지속될 악재일까요? 여기서 먼저 따져볼 것이 있습니다. 엘리자베스 워런의 당선 가능성입니다. 그리고 공약 실현 가능성입니다. 저는 높지 않다고 판단했습니다. 실제로 그녀는 본선을 통과하지 못했습니다.

당시 저는 이것을 지나갈 악재라 판단했습니다. 곧바로 싼 가격으로 떨어지고 시장 점유율이 높은 암젠과 또 다른 제약&화학회사 주식을 매수해서 투자했습니다. 암젠은 공룡 기업이자, 연평균 2% 내외로 안정적인 성장을 하는 입니다. 그런데 이런 기업이 현실성이 거의 없는 정치인의 공약을 이유로 주가가 하락했다면 당연히 지나갈 악재로 판단하는 것이 합리적일 겁니다. 우리나라도 특정 정치인의 주가가 올라갈 때, 말 그대로 '테마주'라고 하는 주가도 올라가는 경우가 빈번합니다. 그 정치인이 직접 경영하는 것도 아니고 소유하는 것도 아닌데 그 정치인의 동생이 다니고 있다거나 등의 별의별 이유로 특정 주식이 급등하는 경우가 있습니다. 이때 너도, 나도 뛰어드는데, 오히려 저는 반대로 해 보시길 권합니다. 지나갈 악재를 구분해내고 평소보다 싼 가격으로 주식을 매입한다면 여러분이 얻을 수 있는 안정적 이익은 분명히 증대될 것이라 자신합니다.

이 챕터를 정리하면서 아주 중요한 메시지를 남겨두고 싶습니다. 처음 한두 번의 주식 성공은 초심자의 행운으로 다가올 수 있습니다. 제가 말씀드린 대로, 유동성 장세와 실적 장세를 구분하고 지나갈 악재와 지속될 악재를 구분해서 수익이 발생할 수 있습니다. 이때, 모든 것이 나의 실력이라고 자만하면 안 됩니다. 그때가 가장 위험할 때입니다. 투자 금액이 비약적으로 커질 수 있으니까요. 운 좋게 계속해서 성공한다면 다시 한번 마음을 다잡을 때입니다. 조금 더 기업 가치 평가를 냉철히 하며 보수적으로 자금을 운용하셔야 합니다.

적금처럼 운용할 수 있는 안정적인 주식, 그것이 핵심입니다. 지금 내가 가지고 있는 금액과 허황된 기대 수익으로 자그맣게 쌓아 올린 공든 탑을 무너뜨리지 않길 진심으로 바랍니다. 첫째도, 둘째도 중요한 것은 기업의 가치입니다. 그 기업의 미래 성장률을 보셔야 합니다. 이 마지막 문단만 유념하신다면 여러분께 주식은 도전적인 모험이 아닌, 매우 안전한 자산이며 노후를 준비할 유용한 활로가 될 수 있습니다. 주식의 가격을 보지 말고 미래 성장률이 높아지는 밝은 기업인지, 아닌지 기업의 가치에만 집중하십시오.

여러분이 주식의 가격이 아닌 기업의 가치에만 집중한다면 남들에게 주식은 투기, 도박일지 몰라도 여러분에게는 주식은 매우 안전한 자산이며 노후를 준비할 유용한 길이 될 것이라 믿어 의심치 않습니다.

CHAPTER 5

성공한 투자자의 첫걸음은 역사

주식 시장은 감성이 이성을 지배하고 욕망이 지혜를 이긴다

역사는 반복됩니다. 따라서 역사를 공부한다는 것은 과거의 답습이 아니라, 미래에 대한 것이고 더 정확히 표현하면 과거의 반복된 실수를 막아내는 작업입니다.

하지만 사람은 똑같은 실수를 반복합니다. 같은 실수를 반복하는 이유는 욕망이 이성을 마비시키기 때문입니다. 1929년, 미국에서 주가 폭락과 대공황이 있었습니다. 주가 폭락은 폭등 후에 일어나는데 주가가 폭등한 것은 거품이 생겨서입니다. 인간의 탐욕이 과했습니다. 그런데 당시 미국 은행들이 고객들의 예금 자산을 갖고 주식과 파생 상품에 무분별하게 투기해서 과도한 거품을 만들었습니다. 거품은 쉽게 꺼지지 않지만 한 번 터지면 무섭게 폭락하게 됩니다. 즉, 언젠가는 터지기 마련입니다. 당시 뱅크 런

(Bank Run)[9]은 물론이고 수많은 사람이 자살하거나 길바닥에 나 앉았습니다.

당시 미국 정부에서는 이와 같은 비극이 다시는 일어나지 말아야 한다며 각성했습니다. 모두가 동의했습니다. 그래서 은행 자산으로 투기를 하지 못하도록 민주당 상·하원이 법을 제안했습니다. 이른바 「글래스-스티걸법(Glass-Steagall Act)」[10]입니다. 이 법의 핵심은 상업 은행은 여·수신 업무만 담당하고 투자 은행은 증권 업무만 할 수 있도록 하는 법이었습니다. 한국으로 비유하자면, 금융 자본과 산업 자본을 분리시킨 「금산분리법」과 비슷하다고 볼 수도 있습니다.

시간이 흘러 냉전 시대, 그리고 플라자 합의 등의 굵직한 경제 사들이 지나갔습니다. 그 후, 미국의 독주가 시작되는데 그 수혜

---

9) 경제 상황 악화로 금융시장에 위기감이 조성되면서 은행의 예금 지급 불능 상태를 우려한 고객들이 대규모로 예금을 인출하는 사태.
10) 1933년 미국에서 은행 개혁과 투기 규제를 목적으로 제정한 법으로, 핵심 내용은 상업 은행과 투자 은행의 업무를 엄격하게 분리하는 것이다. 1933년 재무장관 출신의 민주당 상원의원 카터 글래스(Carter Glass)와 민주당 하원의원으로 은행·통화위원장을 맡았던 헨리 B. 스티걸(Henry B. Steagall)이 공동으로 제안했다. 이 두 사람의 이름을 따서 「글래스-스티걸법(Glass-Steagall Act)」이라 불렸으며, 공식 명칭은 「1933년 은행법(Banking Act of 1933)」이다. 1999년에 폐지되었다.

를 가장 많이 입은 사람은 클린턴 대통령입니다. 미국에 대적할 수 있는 나라가 없다 보니 가구당 실질 소득이 4만 달러가 넘었고 주가 상승도 대단했습니다. 미국이 엄청난 호황을 누리며 꿈같은 시간을 보냈습니다. 그런데 그 시절은 중요한 과거의 교훈을 잊게끔 만들어 주었나 봅니다.

클린턴 대통령의 임기 마지막쯤에 미국 금융 자본들과 월스트리트는 자본주의 발전을 가로막는다는 명분으로 「글래스-스티걸 법안」을 폐기했습니다. 하지만 사람들은 법을 폐기하는 것에 별 관심과 경각심을 갖지 않았습니다. 이 행복이 영원할 것 같은 착각에 빠졌으니까요. 그 결과 시장에 거품이 빠르게 쌓였습니다. 주식 시장과 부동산 시장에 심각한 거품이 쌓였는데 그 규모가 무서울 정도로 대단했습니다. 금리는 낮고 주택 가격은 계속 상승했습니다. 당연히 주택을 구입하려는 사람은 많아지고 수요가 몰리는 만큼 주택 가격은 더 상승했습니다. 거품이 쌓이기 시작하는데도 사람들은 감지하지 못했습니다. 한 사람이 대출을 통해 집을 여러 채 사고 심지어는 강아지 이름으로도 대출을 해 주었습니다. 강아지든, 고양이든, 사람이든 담보가 주택이고 주택은 매우 안전해서 문제가 생기지 않는다고 생각했기 때문입니다. 심지어 길거리 노숙자도 집을 사고 싶으면 은행에서 대출해 주었습니다. 이렇게 수요가 폭발하다 보니 주택 가격은 오를 수밖에 없었습니다. 담보 가격이 계속 오르기 때문에 아무 문제가 없다고 판단했습니다. 거품은 시작되었고, 거품이라는 것을 인지했음에도 돈에 대한 탐욕 때문에 멈추질 못했습니다. 이제 은행은 과도한 대출 때문에 돈이 부족하게 되었고 돈을 더 빌려주기 위해 CDO(부채담보부증권)를 만듭니다.

은행은 부족한 돈을 차입 받아서 주택 담보 대출을 더 해 주었고, 더 많은 돈을 벌려고 멈추질 않았습니다. 문제는 은행에 돈을 빌려주는 곳의 입장입니다. 은행에 돈을 빌려주는 곳에서는 신용등급이 AAA 또는 AA등급 이하는 돈을 빌려주는 것을 꺼립니다. 이를 해결하기 위해 은행은 담보 채권을 섞습니다. AAA와 AA 그리고 서브프라임 등급의 채권을 섞어서 평균값을 싱글A 또는 더블A를 만듭니다. 이 안에 위험이 숨어있다는 것은 감지하지 못한 채, 또는 외면한 채, 은행에 돈을 빌려주고 은행은 그 돈으로 더 많은 주택 담보 대출을 해 주고 이자를 받게 되었습니다.

당시에는 대출만 해 주면 집값이 올라가니까 위험을 감지하지 못했지만, 은행에서 발행한 CDO는 치명적인 약점이 있습니다. 그것은 집값이 하락했을 때는 끝이라는 것입니다. 은행에 돈을 빌려주는 곳은 사람들의 신용 등급을 따져야 할 것이 아니라 주택에 대한 가치 평가를 해야 했습니다. 하지만 사람들의 등급만을 따지고 신용 등급에서의 리스크를 생각했습니다. 지나고 보니 사람의 신용 등급은 아무짝에도 소용없는 것이었습니다. 프라임 등급이나 서브프라임 등급[11]이나 주택 가격이 하락하게 된다면 당장 상환 능력이 없는 사람의 신용 등급이 트리플A든, B등급이든 그것은 의미가 없으나, 당시에는 인지하지 못했습니다.

그러던 어느 날 보험 회사들도 이 판에 끼어듭니다. 보험 회사들은 은행이 발행하는 CDO에 약간의 수수료만 주면 우리가 보증 보험에 가입해 준다고 제안합니다. 은행은 흔쾌히 이를 받아들였고 보험 회사에서 보증을 걸어주니 이제 낮은 등급의 CDO도 순식간에 모두 트리플A가 됩니다. 다시 이야기하지만, 이 일의 가장 밑바닥에는 주택의 가격이 있습니다. 주택 가격이 무너지면 트리플A든, 서브프라임이든 아무 의미가 없는데 그저 수수료를 얻기 위해서 보험 회사가 뛰어든 것입니다. 결국, 이 일은 전

---

11) 미국의 주택 담보 대출은 '프라임', '알트-A', '서브프라임'의 3등급으로 구분된다. 프라임 등급은 신용이 높은 개인을 상대로 하는 주택 담보 대출, 알트-A는 중간 정도의 신용을 가진 개인을 상대로 한 주택 담보 대출이다. 서브프라임은 신용도가 일정 기준 이하인 저소득층을 대상으로 하는 상품이라 부실 위험이 커 일반적으로 프라임 등급보다 대출 금리가 2~4% 정도 높다.

세계 금융 역사상 최악의 실수가 됩니다.

균열은 시작되었습니다. 과연 현재 집값이 합당한 것인지, 이게 너무 비싼 건 아닌지 사람들이 조금씩 의심하기 시작했지만, 은행은 개의치 않았습니다. 은행이 빌려온 곳의 자금은 대부분이 일본 엔캐리 자금[12]이었습니다. 더 이상 주택 가격은 상승하지 않았고 사람들이 이 가격이 맞지 않는다는 것을 깨달았습니다. 하지만, 그때는 이미 늦었습니다. 거품은 순식간에 빠져나갔고, 그 결과로 서브프라임 사건이 터졌습니다. 곧이어 리먼 브라더스가 파산하면서 전 세계는 대공황 이후 최악의 상황을 맞이했습니다. 규모가 너무 커서 정확히 손실 처리해야 할 금액이 얼마인지조차 산출이 되지 않는 상황이었습니다. 미국이 달러 발권 국가가 아니었다면 현재 이 지구 위에 미국은 흔적도 남지 않고 사라졌을지도 모릅니다.

이 사태를 계기로 오바마 대통령 때, 「글래스-스티걸법」과 비슷한 「도드-프랭크 법안(Dodd-Frank Act)」[13]이 만들어졌습니다. 주요

---

12) 은행 이자가 0%에 가까운 일본에서 돈을 빌려 금리가 상대적으로 높은 우리나라나 미국, 호주 등에 투자한 자금을 일컫는 말.
13) 2008년 리먼 브라더스 사태로 촉발된 금융 위기의 재발을 막기 위해 미국 오바마 행

골자는 더 이상 은행이 투기 자산에 투자하지 못하도록 만드는 것이었습니다. 모두가 동감했습니다.

하지만, 또다시 이 역사의 교훈이 뒤집어지고 있습니다. 미국의 상황은 안정되어 갔고, 다시 경제 성장과 주가 상승이 이어졌습니다. 2019년 12월, 트럼프 대통령은 주식 시장이 사상 최고치를 경신하는 상황에 대해 자랑처럼 늘어놓았고, 여기에 셰일 가스가 미국에서 생산되면서 엄청난 경제 성장이 이루어지고 있습니다. 트럼프 정부는 매일 연준을 압박하면서 금리를 더 내리라고 압력을 넣고 있습니다. 그것도 모자라 「도드 프랭크 법안」을 폐기하려고 노력하고 있고 실제로 지금은 일부 완화된 상태입니다.

정부가 마련한 금융 개혁 법안을 말한다. 미국 오바마 행정부가 2008년 발생한 금융 위기 재발을 막기 위해 발표한 광범위한 금융 개혁 법안으로 2010년 7월에 발표되었다. 총 3,500쪽에 걸쳐 400개 법안을 담고 있어 대공황 이후 최대 금융 개혁 법안으로 불린다. 이 법안의 정식 명칭은 「도드-프랭크 월가 개혁 및 소비자보호법(Dodd-Frank Wall Street Reform and Consumer Protection Act)」이다. 당시 이 법안의 입안자였던 미 상원 은행위원회 위원장 크리스 도드(Chris Dodd)와 미 하원 금융서비스위원회 위원장 바니 프랭크(Barney Frank)의 이름을 따서 명명되었다. 법안은 주요 금융 회사에 대한 규제 및 감독 강화, 금융 감독 기구 개편, 중요 금융 회사 정리 절차 개선, 금융 지주 회사 등에 대한 감독 강화, 지급 결제 시스템에 대한 감독 강화 등을 골자로 하고 있다. 「도드-프랭크법」은 상업 은행과 투자 은행의 업무를 엄격히 제한한 1930년대 「글래스-스티걸법」의 부활이라는 평가를 받고 있다. 왜냐하면 이 법안에는 금융지주 회사에 대한 감독 강화 방안의 하나로 상업 은행과 투자 은행의 역할을 분리한 볼커룰(Volcker Rule)이 포함되어 있기 때문이다. 미국은 이 법으로 대형 은행의 위험 자산 투자가 감소하고 부채 비율도 낮출 수 있었다.

「도드-프랑크 법안」이 완화된 상태에서 지금은 또 어떤 재미있는 일이 벌어지고 있을까요? 10여 년 전, 리먼 브라더스 파산 때 문제가 되었던 것은 앞서 말씀드렸듯이 CDO였습니다. 그런데 CDO는 지나가고, 이번엔 CLO[14]라는 것이 등장했습니다. CLO는 CDO와 매우 유사합니다. CDO의 기초 자산이 개인들의 신용과 주택이었다면 이번에 거품이 쌓이는 CLO는 기업이 가진 부동산과 기업의 이익이 바탕입니다. 기업도 기업의 이익과 부동산 가치에 따라 대출 채권의 안정성과 이자가 결정되는데 신용 등급이 상대적으로 높지 않은 기업의 부동산담보 대출 채권을 상환능력 여부에 따라 트리플A등급부터 BBB등급까지 나눠서 가장 이상적으로 잘 섞어서 표면적으로 AAA등급처럼 보이게끔 파생 상품을 만들어서 판매하고 있습니다. 하지만, 이건 10년 전 있었던 리먼 브라더스 사건과 매우 유사합니다.

그렇다면 왜, 2008년 리먼 브라더스 때와 거의 동일하게 여러 등급의 채권을 묶어서 표면적으로 높은 등급의 채권처럼 보이게 하려고 할까요? 이유는 현금을 막대하게 보유한 보험사와 연기금[15]

---

14) Collateralized Loan Obligation, 신용도가 낮은 기업들에 대한 은행의 대출 채권을 묶어 이를 담보로 발행하는 채권의 일종.

15) 연기금은 연금(pension)과 기금(fund)을 합친 말로 '연금기금(年金基金)'이라고도 한

은 낮은 등급의 파생 상품에 투자할 수 없기 때문입니다. 등급이 높아 보여야 두 거대 자본이 돈을 끌어올 수 있고, 그래야 상품을 팔 수 있으며, 그 돈을 다시 회수해서 다시 대출해 주면서 대출 채권을 다시 트리플A등급으로 만들 수 있습니다. 이런 판매 방식이 무한정 반복되는데, 안에 곪아있는 것이 터질 때까지 반복되는 것입니다.

쉽게 비유하자면, 송유관에 구멍을 뚫어서 기름을 절도하는 범죄자가 있습니다. 그 사람들이 적당히 훔치면 걸리지 않을지도 모르죠. 하지만, 한 번 걸리지 않으니 구멍을 조금 더 뚫어서 훔치고, 두 번째에도 걸리지 않으니 구멍을 조금 더 넓히는 것을 반복해 나가는 것입니다. 꼬리가 길면 밟히고, 역사는 반복되지만 그 교훈을 나의 역사에서 반추하기란 쉽지 않습니다. 인간의 욕망을 제어하기란 쉽지 않으니까요. 이런 식으로 속에 곪아있는 고름이 터질 때까지 파생 상품을 계속 만들어서 판매하는 것입니다.

다. 연금을 지급하는 원천이 되는 기금, 즉 연금 제도에 의해서 모인 자금을 의미한다. 다시 말해, 정부가 임의로 사용할 수 있는 자금이다. 우리나라의 4대 국민연금은 국민연금기금, 공무원연금기금, 사학연금기금, 군인연금기금 등이 있다. 연기금은 강제적인 가입과 급여 조건과 수준이 법률로 정해져 있는 등 사회보험의 성격을 가지고 있다. 또 장기저인 투자와 대규모의 자금을 운용하므로 증권 시장에서는 대표적인 기관투자기관이라고 할 수 있다.

전문가들은 현재 CLO가 과거 CDO 대비 리스크가 크지 않다고 주장합니다. 기업의 선순위 채권이라 회수 가능성이 높고 CDO만큼 구조가 복잡하지 않다는 게 그 이유입니다. 하지만, 여기엔 분명 문제가 있습니다. 이익 대비 대출 비중이 5배 수준입니다. 충격적인 수치인데도 일반인들은 체감하기 어렵습니다. 그런데 여기서 그 기업들의 이익이 감소하거나 금리가 조금만 올라가더라도 CLO는 어떻게 될까요? 폭탄처럼 터질 겁니다. 불 보듯 뻔한 일입니다. 당장은 아닐 수 있습니다. 트럼프 대통령이 연준을 압박하며 금리를 못 올리게 막고 있으니까요. 하지만 그럴수록 속의 고름은 더욱더 깊어지겠죠. 만약 기업들이 CLO를 통해 대출받은 돈으로 생산성 향상을 위한 설비 투자를 하고 연구개발비로 썼다면 적어도 그런 기업들은 문제가 생기지 않을 수도 있습니다. 하지만 대부분의 기업은 자사주 매입을 통해 주가 상승을 일으키고 주주들을 위한 배당금으로 써버릴 가능성이 높습니다. 기업의 자산을, 대출을 통해 현금화해서 주주들이 나누어 갖고 회사가 망가지면 2008년처럼 나라가 구제해 주길 바랄지도 모릅니다. 이런 일이 발생하지 않으려면 대출 심사가 까다로워야 하는데 그렇지 않습니다. 대출을 받을 때는 기업의 이익과 부동산을 담보로 하는데 손실 처리를 다음 분기로 미루고 현재 상태에서 이익이 많이 나오는 것으로 얼마든지 조정할 수 있고 대출의 대부분이

약식 대출로 이루어지고 있기 때문입니다.

CDO든, CLO든 어차피 기초 자산은 부동산입니다. 아무리 표면 등급이 트리플A라 해도 부동산이 무너지면 표면 등급이 트리플F이든 AAAAAAA등급이든 아무 상관이 없습니다. 건물이 무너지면 건물 안에 있던 어린아이들과 노약자만 죽고 마동석과 드웨인 존슨 같은 사람은 죽지 않을까요? 아닙니다. 어차피 부동산이 무너지면 모두 살아남기 힘듭니다. 그럼에도 불구하고 전문가들이라고 하는 양반들은 여전히 CLO는 CDO와는 다르다고 합니다. 우리는 대단한 경제 전문가가 아니지만, 문제를 진단할 수는 있습니다. 간단합니다. '빚'입니다. 상식적으로 부채 비율이 높으면 반드시 문제가 될 수밖에 없습니다. 당장 이번 달 카드값을 내 수입보다 더 많이 쓰면 어떻게 될까요? 다음 달에 지출을 줄여서라도 갚아야 하고 이것이 쌓이면 리볼빙을 한다고 하더라도 결국 이건 모두 빚이 됩니다.

2008년 리먼 브라더스 파산 바로 며칠 전, 경제 전문가라 불리는 사람들은 『뉴욕 타임스』에 이런 말을 남겼습니다.

"미국은 불황 없는 경제 성장이 영원히 지속되는 구조가 만들어져서 더 이상 과거와 같은 경제 위기는 볼 수 없을 것이다."

물론 과거와 같은 경제 위기는 없었다고도 할 수 있습니다. 왜
냐면, 과거보다 심각한 경제 위기가 찾아왔기 때문이죠.

2019년 12월을 기준으로 미국의 지수는 사상 최고치를 경신,
또 경신하고 있습니다. 제 금융 자산 중 가장 많은 비중이 미국
주식 시장에 있기 때문에 그 상승 랠리에서 저도 함께 달리고 있
습니다, 하지만 저는 머릿속에 항상 새겨두고 있습니다. 지나친
욕심과 탐욕이 우리 모두를 고통받게 했기 때문에 현명한 투자자
는 파티가 한창일 때도, 접시를 뺄 수 있어야 한다는 것을 기억하
고 있습니다.

경제 위기는 어느 날 갑자기 찾아오지 않습니다. 시나브로 찾
아옵니다. 가랑비에 옷 젖는 줄 모르게 찾아옵니다. 달콤한 유혹
앞에서 이성과 지혜는 쉽게 마비될 수 있습니다. 하지만 그걸 찾
아내는 것도 그리 어렵지 않습니다. 역사는 반복된다는 것, 어떤
곳에서든 '빚'이 생겨나고 있다면 반드시 그 '빚'은 누군가 청산해
야 한다는 것입니다.

일본의
잃어버린 30년

우리는 일본의 잃어버린 30년에 주목해야 합니다. 일본의 잃어버린 30년을 이야기하려면 과거 베트남 전쟁부터 이야기해야 합니다. 베트남 전쟁 당시 미국이 지출한 금액은 1964년부터 1973년까지 약 805조 원에 다다른다고 합니다.

당시 물가를 생각해 본다면 상상하기도 어려운 높은 금액이며, 여전히 2020년도의 대한민국 1년 예산보다도 높은 금액입니다.

미국은 전쟁 자금을 마련하기 위해 엄청난 양의 달러를 찍어냈고, 달러 유동성을 늘렸습니다. 금본위제였던 그때 주요국들은 미국이 보유하고 있는 금의 가치보다 더 많은 달러를 찍어내고 있다고 의심할 수밖에 없었고, 미국으로 몰려와 달러를 주며 금을 요구하였습니다. 처음에는 밀려오는 달러만큼 금을 돌려주었는데 상황이 심각해지자 미국이 더 이상 금을 줄 수 없다고 이야기하며 금본위제를 일방적으로 폐지해버렸습니다. 이것이 1971년 8월 15일에 일어났던 닉슨 쇼크입니다. 전 세계는 대혼란에 빠지며 달러의 가치는 폭락하게 되었고 금값은 폭등하였습니다.

1973년엔 오일 쇼크[16]가 터졌습니다. 원유의 값이 폭등하자 심각한 인플레이션으로 모든 물가도 일제히 폭등했습니다. 미국 정부에서 하이퍼인플레이션을 우려해 금리를 약 20% 근접하게 올리며 물가 상승을 억제하려 했습니다. 이런 살인적인 금리 때문에 미국 내 제조업이 무너졌고 대량의 실업자가 생겨났습니다. 기업들이 은행에서 돈을 빌려 생산 설비를 갖추고 제품을 생산해서 판매할 때, 영업 이익이 20%가 넘으면 엄청나게 큰 고부가가치 사업입니다. 그런데 은행 이자가 20%에 근접하면 이건 버틸 수 없는 상황입니다. 미국에서는 도저히 사업을 하기 어려워졌고, 미국의 제조업은 붕괴될 수밖에 없었습니다. 일본은 그 틈을 이용해 뛰어난 기술력과 저렴한 가격을 무기로 세계 제조업의 초강국이 되었습니다. 당시 일본이 제조업으로 엄청난 돈을 벌어서 하와이

---

16) 1973년 10월 6일부터 시작된 중동 전쟁이 10월 17일부터 석유 전쟁으로 비화됨으로써, 세계 경제는 제2차 세계대전 이후 가장 심각한 불황에 직면했다→OPEC은 원유 고시 가격을 17% 인상함과 동시에 이스라엘이 점령지에서 철수하고 팔레스타인의 권리가 회복될 때까지 매월 전월에 비해 5%씩 원유 생산을 줄인다고 선언했다→석유의 정치적 무기화, 자원 민족주의 강화.

땅의 상당 부분을 사들이고 엠파이어스테이트 빌딩의 자유의 여신상을 사버린다는 이야기까지 돌았습니다. 미국의 위상은 자연스럽게 떨어졌습니다. 이때, 세계 주요국들이 뉴욕의 플라자 호텔에 모여 그 유명한 플라자 합의[17]를 하게 됩니다. 일본은 한국과 마찬가지로 수출주도형 경제 구조인데 엔화가 두 배로 가치가 상승하게 되니 수출에 큰 차질이 생기게 됩니다.

우리가 주목해야 할 중요한 것은 여기서부터입니다. 일본 기업은 안 그래도 수출 의존도가 높았는데 수출 상황마저 녹록지 않

---

17) 1985년 9월 22일 미국, 영국, 독일(서독), 프랑스, 일본 각국의 재무장관, 중앙은행 총재들이 미국 뉴욕 플라자 호텔에서 맺은 합의로, 회의 개최 장소의 이름을 따서 플라자 합의(Plaza Accord)라는 명칭이 붙었다. 1980년대 초반 미국은 인플레이션을 해소하기 위해 고금리 정책을 펼쳤으며 이로 인해 달러 강세가 지속되는 상황이었다. 하지만 달러 강세로 인해 미국은 경상수지 적자가 심화되어 갔다. 당시 레이건 행정부는 이런 미국의 경상수지 적자를 환율 조정을 통해서 해결하고자 했다. 플라자 합의의 주요 내용은 일본의 엔화와 독일의 마르크화의 통화 가치 상승을 유도하고, 이 조치가 통하지 않을 경우 각국 정부의 외환시장 개입을 통해서라도 이를 달성한다는 것이었다. 1980년대 초중반까지 4~5%의 안정적 성장을 지속했던 일본은 플라자 합의 이후 엔고 현상으로 인해 자동차 등 일본 주력 제품의 가격 경쟁력이 떨어져 수출이 감소하였다. 하지만 수출 경쟁력에 비해 내수 시장은 빠르게 성장하여 소비가 증가하였다. 국제 유가도 하락하자 일본 정부는 내수 소비시장 부양을 위해 저금리 정책을 추진했다. 그러자 주식 가격이 폭등하고, 부동산 투자로 이어져 거품 경제가 양산되었다. 엔고로 인한 일본의 내수 호황과 부동산 버블은 2년이 지나면서 미국이 금리를 인상하자 주가가 폭락하는 사태로 이어졌다. 부동산과 주식 등 자산 시장의 버블을 막기 위해 일본 정부가 금리 인상을 단행하자 부동산 가격이 급락하고 기업과 은행이 무더기로 도산하는 상황이 발생하였나.

았습니다. 이러한 구조를 심한 고통과 인내가 따르더라도 체질 개선을 했어야만 했는데 눈앞에 당장 놓인 정치적 문제와 임시방편으로 구조 조정 대신 엄청난 양의 돈을 풀어서 경제 침체를 막으려 했습니다. 문제는 산업의 성장이 멈춘 상태에서 시중에 돈만 넘쳐나는 상황이라, 그 돈이 각 기업의 투자로 가는 것이 아니라 부동산으로만 몰리게 되었습니다. 그래서 역사에 유례가 없던 부동산 폭등이 일어났습니다. 그 버블은 사람들이 정신을 못 차릴 만큼 엄청났으며 30년이 지난 지금까지도 그 여파가 미치고 있습니다.

일본은 이때의 실수로 30년간을 고통 속에서 보내게 되고 인구 고령화와 저출산의 늪에서 헤어 나오지 못하고 있습니다. 잃어버린 30년 동안 일본의 소비 시장은 최저가 상품과 명품 시장이 극단적으로 나뉘었고, 나머지 산업들은 여전히 고전을 면치 못하고 있습니다.

CHAPTER 6.

현명한 투자자

이해할 수 있는
범위 내에서만 투자해라

초등학생이 주식 시장이 어떻게 움직이는지 알게 된다면 어른들의 지능에 대해 매우 심각하게 생각할 겁니다. 대부분의 어른은 자신이 투자하는 회사에 대해 그저 친구가 추천해줘서, 누가 정보를 줘서, 소위 카톡 방에서 알려주는 주식 정보만을 듣고 움직이기 때문입니다.

저는 오랫동안 주식 투자를 했습니다. 그런데 아직까지 주식 때문에 눈물이 나거나 슬프거나 괴로움을 느껴본 기억이 없습니다. 이유는 제가 이해 안 되는 복잡하고 어려운 것은 절대 안 하기 때문입니다. 이게 포인트입니다. 제가 아는 것만 투자해도 충분히 많은 수익을 올릴 수 있었고, 지금도 계속 좋은 성과가 만들어지고 있습니다.

가까운 지인 중 한 분이 '그림' 투자에 관해 이야기하셨는데, 수익률이 안정적인 것 같아서 직접 갤러리에 가서 그림들을 보았습니다. 그런데 제가 그림에 대해 아는 것이 없어서 아무리 봐도 그 그림들이 좋은 것인지, 나쁜 것인지 구분이 되지 않았습니다. 다른 지인들은 수익률을 듣고 그림은 몰랐지만 곧바로 투자했습니다. 저는 어땠을까요? 결국 하지 않았습니다. 굳이 그 후에 지인들이 다시 손해를 봤다는 이야기를 덧붙이지는 않겠습니다. 중요한 것은 저는 지인들이 손해를 볼 때, 그전에 수익을 냈을 때도 신경 쓰지 않았습니다.

이유는 간단합니다. 제가 이해할 수 없는 분야에 대한 투자였기 때문입니다. 사실 이것은 현명한 투자의 가장 기본입니다. 조금이라도 내가 투자할 기업에 대한 정보를 얻고 실제는 어떤지 알아보는 검증 작업을 거쳐야 합니다. 그런 과정 없는 투자는 적어도 저는 '현명한' 범위로 보지 않습니다.

워런 버핏의 말을 잠깐 떠올려 봅니다. "야구 경기는 삼진 아웃이 있기 때문에 적당히 공을 골라서 배트를 휘둘러야 하는데, 주식 시장은 삼진 아웃이 없어서 내가 원하는 공이 올 때까지 계속 기다리고 공을 골라도 된다." 과연 대가(大家)다운 매우 적절한 비유입니다.

모든 회사를 다 알 필요는 없습니다. 내가 잘 아는 기업 5개, 10개 정도만 해도 여러분이 돈 걱정 없는 노후를 보내기에는 충분할 것입니다.

소나무는
겨울에 빛난다

여름에는 거의 모든 나무가 푸른색입니다. 그런데 어떤 나무가 추운 겨울에도 빛을 잃지 않고 푸른빛을 유지하는지는 겨울이 되어 봐야 알 수 있습니다. 주식 시장에서 상승장은 'bull market', 하락장은 'bear market'이라고 합니다. 황소가 공격할 때 뿔을 밑에서 위로 올려서 찍는다는 것에서 유래되어 주식 시장의 상승기를 'bull market'이라 부르고 곰이 공격할 때 손바닥으로 위에서 밑으로 찍어 내리는 모양을 따서 하락장을 'bear market'이라 부릅니다. 상승장일 때는 거의 모든 주식이 상승합니다. 이때는 특별히 잘못 사거나 이상한 주식만 아니면 웬만하면 다 상승하며 수익이 발생합니다. 너도, 나도 "주식으로 돈 벌었다.", "난 주식을 잘한다.", "나는 주식에 소질이 있다.", "나는 주식에 재능이 있다."라며 이런저런 이야기를 합니다. 그런데 그런 시간은 길지 않습니다. 부러워할 필요가 없습니다.

이유는 간단합니다. 자기가 산 주식이 무슨 회사인지, 뭐하는 회사인지조차 제대로 모르고 산 주식이 대부분이기 때문입니다. 상승장에서 수익을 본 사람들의 특징입니다. 제대로 기업에 대해 고민하고 투자한 사람들은 상승장에서 얻은 수익률이 아니라 그 회사의 미래 가치와 현실의 결과물들로 이야기를 채웁니다. 여름의 푸른 나무들과 같습니다.

소나무가 빛날 때는 겨울입니다. 하얀 눈이 쌓여도 소나무는 푸른빛을 잃어버리지 않습니다. 현명한 투자자는 하락장에서 빛이 납니다. 현명한 투자자는 주가가 하락해도 마음이 흔들리거나 불안해하지 않습니다. 상승장이나 하락장이나 흐트러짐 없이 꾸준히 자신의 투자 철학을 유지하고 있기 때문입니다. 투자 철학, 이 책에서 내내 강조했지만, 마지막에 와서도 다시금 강조하고 싶습니다. 우리가 주식 투자를 하는 목적은 용돈 정도를 벌려고 하는 것은 아닙니다. 술자리에서 영웅담처럼 자랑하기 위해서 하는 것은 더더욱 아닙니다. 노후를 준비하고 경제적인 자유를 조금 더 얻기 위해서입니다.

단기간의 수익률이 다른 사람들보다 상대적으로 낮다고 해서 괴로워하거나 힘들어할 필요가 없습니다. 물론 주위 사람들이 나보다 더 높은 수익을 얻는 것을 지켜보기는 쉽지만은 않습니다. 그리고 사람에 따라서는 큰 괴로움으로도 다가올 수 있습니다. 하지만, 겨울에도 푸른 빛을 잃지 않는 소나무처럼 'bear market' 에서도 중심을 잃지 않는 현명한 투자자가 되셔야 합니다.

Designed by Apple
in California Assembled in China

아이폰 뒷면에는 이런 문구가 있습니다. "Designed by apple in california Assembled in china" 여기서 디자인은 우리가 생각하는 옷이나 가방 디자인 등의 의미가 아니라 아이디어와 지식 재산권을 의미합니다. 아이폰 가격을 2,000달러로 가정했을 때 부품의 원가는 약 600달러 정도입니다. 애플은 아이폰을 직접 생산하지 않습니다. 폭스콘(Foxconn)이나 페트라곤(Petragon)에게 위탁합니다. 그곳에서 조립, 생산까지 마치고 애플에 납품합니다. 결국 부품의 원가와 생산 비용은 후자의 기업들에게 돌아가겠죠. 여기서 중요한 것은 일거리를 넘겨주는 애플이 훨씬 더 높은 부가가치를 올린다는 것입니다.

'In California'냐, 'In China'냐. 아주 극명하게 나누어서 스스로도 마음이 아프지만, 우린 'In California'가 지금 당장 되긴 어렵습니다. 어쩌면 남은 생애에서도 마찬가지일 겁니다. 그렇다면 선택지가 'In China'밖에 남지 않느냐? 그것도 아닙니다. 애플이라는 회사에, 높은 부가 가치를 생산하는 회사에서 군이 경영자가 되지 않더라도 그들과 함께할 수 있습니다. 그것이 바로 투자자입니다. 아이폰을 구매하는 소비자이자 동시에 애플의 주주가 될 수 있는 것입니다.

선택이란 말은 둘 중 하나를 포기하는 것입니다. 월급은 적지 않게 받지만 노후가 걱정되는 분도 계실 것이고, 월급이 적어서 노후가 걱정되는 분도 계실 겁니다. 우리는 여기서 선택해야 합니다. 나는 노동자만으로, 그러니까 월급만으로 살 것인가, 아니면 그것을 뛰어넘기 위한 노력을 해 볼 것인가.

한국의 경제 배경을 이야기하며 책을 마무리하겠습니다. 30년 전 한국은 제조업을 기반으로 빠르게 성장하는 고성장 국가였습니다. 기업은 설비를 갖추고 생산을 해야 했기 때문에 은행에서 많은 돈을 대출받아야 했습니다. 은행은 대출해 줄 돈이 필요했고, 그 돈을 충당하기 위해 예금 이자를 많이 줬습니다. 우리 부모님 세대는 그렇게 가만히 넣어두어도 이자가 불어나는 세상에서 살았습니다. 예금만 해도 연 10% 이상 고금리를 받았으며 비과세는 3년이나 되었습니다. 하지만 지금은 아닙니다. 이젠 월급을 받기도 전에 미리 세금을 제외하고 급여를 받습니다. 오랜 준비 끝에 힘들게 들어간 회사는 40세가 되면 퇴직 후 무엇을 해서 먹고살아야 하나 고민해야 합니다.

우리는 각자의 회사 생활이나 경제 활동도 열심히 해야겠지만, 투자에 대한 것도 반드시 공부해야 합니다. 교수들처럼 학문이나 연구로써 접근하라는 것이 아닙니다. 책 제목처럼 현명한 투자자가 되기 위함입니다.

현명한 투자자는 다른 사람들과 똑같은 재화를 가지고 똑같은 시간을 쓰며 전혀 다른 미래를 열 수 있습니다. 그리고 미래를 선도해 나갈 수 있는 기업의 위대한 주주가 될 수 있습니다. 여러분이 그런 주주가 되기를 진심으로 기원합니다. 여러분이 그러한 주주, 즉 현명한 투자자가 되려는 순간부터 앞으로의 삶은 달라질 것입니다. 고생스럽지 않은 노후가 기다리고 있을 것입니다.

Epilogue

우리가 한 달에 벌 수 있는 재화는 한정적입니다. 특히나 직장인이라면 스스로가 벌 수 있는 수입을 정확히 알고 있을 겁니다. 결국 더 풍족해지기 위해서는 '더 많이 버는 것보다 쓰지 않는 것이 중요하다.' 정도의 이야기로써 하루하루를 채워나갈 것입니다. 물론, 틀린 이야기는 아닙니다. 하지만 더 많이 벌기 위한 노력과 투자도 놓치지 말아야 합니다. 그 부분에 관해서 말하기 위해서 이 책은 쉼 없이 달려왔습니다.

자본주의 사회는 질 좋은 자산을 소유하고 있지 않으면 경제적으로 어려워질 수밖에 없는 구조입니다.

제가 말씀드린 주식 투자는 '기다림의 미학'입니다. 시장 수익률을 압도하는 위대한 기업을 찾아서 집중적으로 장기 투자하신다면 풍요로운 미래를 열어두실 수 있습니다. 위대한 기업을 찾을 자신이 없다면 S&P500에 장기 투자하시면 됩니다. 유능한 펀드 매니저 없이도 유능한 펀드 매니저만큼 투자 수익을 얻을 수 있을 것입니다.

모든 것은 우리의 선택입니다. 현재의 즐거움을 위해서 어려운 노후를 선택할 것인지, 현재의 즐거움을 약간 조율하며 고생스럽지 않은 노후를 선택할 것인지 선택해야 합니다. 사실 답은 정해져 있습니다.

과거에 비하면 지금은 돈을 벌기가 더 어려워졌고 가난에서 벗어나기 어려워져서 미래를 포기하고 소비를 늘리며 현재만을 즐기면서 사는 사람들이 많아졌습니다.

수입차 판매량은 늘어났고 명품 브랜드의 매출은 날이 갈수록 늘고 있습니다. 한 손에는 아이폰이, 또 다른 한 손에는 스타벅스 커피가 있습니다. 기업의 입장에서 보면, 해당 기업의 수익이 빠르게 올라가고 있다는 증거입니다.

그럼 우리는 무엇을 해야 할까요? 소비도 중요하지만, 과거보다 이익이 빠르게 증가하는 기업의 주식을 소유해서 그 기업의 이익을 공유해야 합니다.

　세상을 견인하며 미래를 이끌어가는 위대한 기업을 소유한다면 오히려 과거보다 돈 버는 게 더 쉬워지고 노후 준비도 과거보다 더 쉬워지지 않을까 생각됩니다.

　지난 400년의 자본주의 역사를 돌이켜보면 노동 소득이 2% 증가할 때 자본 소득은 4~5% 증가했습니다. 자산을 소유하지 않고 노동 소득에만 의존한다면 부의 양극화는 점점 더 심해질 수밖에 없는 것이 자본주의의 구조입니다.

　세계 3대 안전 통화는 달러, 유로, 엔화입니다. 여기서 우리가 주목해야 할 것은 엔화입니다. 과거 일본은 서양에서 아시아 국가라는 이유로 이른바 '아시아 디스카운트'를 받았습니다. 그럼에도 불구하고 경제 위기가 닥치면 엔화의 가치는 상승합니다. 반대로 한국의 통화 가치는 급락합니다. 심지어 한국이 수출해서 벌어들이는 돈이 일본보다 더 많은데도 한국의 원화는 약세가 되고 일본의 엔화는 강세가 됩니다. 그 이유는 일본은 세계적으로 많은 자산에 투자해서 한국이 수출해서 벌어들이는 돈의 몇 배의 돈을 자본 소득으로 벌어들이기 때문입니다. 그래서 일본이 수출해서 벌어들이는 돈이 한국보다 적은데도 일본의 엔화가 안전 통화로 인정받는 이유입니다.

연봉 1억 원인 사람이 불의의 사고를 당하거나 수입이 끊기면 그 가정은 위험해집니다. 하지만 연봉 2천만 원인 사람이 건물과 주식을 소유하고 있어서 주식 배당금과 건물 임대 수익으로 연 2억 원을 받는다면 아파서 누워있거나 직장에서 해고당해도 그 가정은 경제적으로 위험해지지 않습니다.

누가 더 많이 버느냐는 크게 중요하지 않습니다. 누가 질 좋은 자산을 더 많이 소유했느냐가 중요한 것입니다. 그 자산이 주식이든, 부동산이든, 어떤 것이든 질 좋은 자산의 가치는 길게 보면 올라갑니다. 그리고 노동 수입의 상승보다 자산 가치의 상승이 훨씬 더 빠릅니다.

경제 위기는 반복해서 찾아옵니다. 경제 위기가 올 때마다 정부는 돈을 풀어서 서민 경제를 살리려 노력합니다. 하지만 현실은 서민 경제가 살아나는 속도보다 통화량의 증가로 인해 자산 가치 상승이 더 빠른 것을 반복해서 경험하고 있습니다. 그리고 빈부격차는 갈수록 빌어집니다.

그래서 우리는 현명한 투자를 통해 장기적이고 안정적인 자산 증식을 해야 합니다. 부제와 같이 주식도 적금처럼 장기적으로 기다릴 줄 알며 그런 방식으로 접근해야 합니다. 여기엔 어려운 숙제도 없고, 힘든 노력을 요구하지도 않습니다. 그저 단지 기다리기만 하면 됩니다.

이 책은 서두에 20·30세대를 위한 것이라고 말씀드렸습니다. 수익을 얻어 여러분이 어떤 곳에 투자하고 소비할지는 모르겠습니다. 하지만 조심스레 노후를 위한 투자를 하시라고 말씀드려 보고 싶습니다. 어떤 분들은 경제가 아닌 산업에 투자하여 노후를 뛰어넘어 흔히 말하는 주식 부자가 되셨을지도 모릅니다.

짧게 마치겠습니다. 노동 수입만으로 자본주의 사회에서 살아남기란 정말 어렵습니다. 평생 노동 수입만으로 살아갈 것인지, 아니면 좋은 기업을 선별해서 현명한 투자를 시작해 보실 것인지 선택하셔야 합니다. 그리하여 내가 집에서 가만히 놀고 있을 때도 나보다 유능한 경영자들이 잠자는 시간, 밥 먹는 시간을 줄여가며 내가 투자한 돈을 불리기 위해 노력하는 삶을 지켜보시길, 그 감정을 느껴 보시길 권해 보고 싶습니다.

여러분의 노후에 대한 노하우.

여러분의 투자에 대한 노하우.

모두 남겨두며 이 책을 마무리하겠습니다.

현명한 투자.

그리고 현명한 투자자.

이제 여러분의 선택입니다.